O HOMEM QUE INCOMODAVA

Editora Appris Ltda.
1.ª Edição - Copyright© 2024 do autor
Direitos de Edição Reservados à Editora Appris Ltda.

Nenhuma parte desta obra poderá ser utilizada indevidamente, sem estar de acordo com a Lei nº 9.610/98. Se incorreções forem encontradas, serão de exclusiva responsabilidade de seus organizadores. Foi realizado o Depósito Legal na Fundação Biblioteca Nacional, de acordo com as Leis nos 10.994, de 14/12/2004, e 12.192, de 14/01/2010.

Catalogação na Fonte
Elaborado por: Josefina A. S. Guedes
Bibliotecária CRB 9/870

O482h 2024	Oliveira, L. J. Spósito O homem que incomodava / L. J. Spósito Oliveira. 1. ed. – Curitiba: Appris, 2024. 145 p. ; 21 cm. ISBN 978-65-250-5902-0 1. Ficção brasileira. 2. Poder. I. Título.
	CDD – B869.3

Editora e Livraria Appris Ltda.
Av. Manoel Ribas, 2265 – Mercês
Curitiba/PR – CEP: 80810-002
Tel. (41) 3156 - 4731
www.editoraappris.com.br

Printed in Brazil
Impresso no Brasil

L. J. Spósito Oliveira

O HOMEM QUE INCOMODAVA

FICHA TÉCNICA

EDITORIAL	Augusto Coelho
	Sara C. de Andrade Coelho
COMITÊ EDITORIAL	Ana El Achkar (UNIVERSO/RJ)
	Andréa Barbosa Gouveia (UFPR)
	Conrado Moreira Mendes (PUC-MG)
	Eliete Correia dos Santos (UEPB)
	Fabiano Santos (UERJ/IESP)
	Francinete Fernandes de Sousa (UEPB)
	Francisco Carlos Duarte (PUCPR)
	Francisco de Assis (Fiam-Faam, SP, Brasil)
	Jacques de Lima Ferreira (UP)
	Juliana Reichert Assunção Tonelli (UEL)
	Maria Aparecida Barbosa (USP)
	Maria Helena Zamora (PUC-Rio)
	Maria Margarida de Andrade (Umack)
	Marilda Aparecida Behrens (PUCPR)
	Marli Caetano
	Roque Ismael da Costa Güllich (UFFS)
	Toni Reis (UFPR)
	Valdomiro de Oliveira (UFPR)
	Valério Brusamolin (IFPR)
SUPERVISOR DA PRODUÇÃO	Renata Cristina Lopes Miccelli
ASSESSORIA EDITORIAL	Miriam Gomes
REVISÃO	Katine Walmrath
PRODUÇÃO EDITORIAL	Miriam Gomes
DIAGRAMAÇÃO	Bruno Ferreira Nascimento
CAPA	Eneo Lage
REVISÃO DE PROVA	William Rodrigues

Aos meus filhos:
Luiz Fernando,
Paulo Roberto e
Lécio Eduardo.
Em memória de minha esposa Delza Maria.

SUMÁRIO

1. VIAGEM PENSADA...9

2. CONVOCAÇÃO URGENTE..14

3. O CAFÉ DA MANHÃ COM ELE.......................................20

4. AUDIÊNCIA ESPECIAL PARA O CORONEL WARREN...........32

5. O RESTAURANTE AMAINERO.......................................36

6. NOTÍCIA-BOMBA!...41

7. OCTACÍLIO CALCABRINI, O HOMEM........................44

8. DIA "D": RETORNO AO PALÁCIO.................................46

9. ALGUMA COISA NO AR!..52

10 DE QUE SE TRATA?...58

11. ESPAGUETE À DONA CARMEM...................................62

12. UM LOCAL FAVORÁVEL E DOIS ALTERNATIVOS..................65

13. A RODOVIA AUGUSTO JIMENES................................69

14. O HOTEL ACAPULCO..71

15. O HOSPITAL DOUTOR ALFREDO NEWMAN......................74

16. COMO ESTÃO AS COISAS EM SANTO ISIDORO?......................77

17. "CONSTA QUE..."...80

18. QUEM É QUEM EM LARANJAL...86

19. NOVO PERITO EM LARANJAL!..92

20. COINCIDÊNCIAS NO HOTEL MIRAFIORI..............................94

21. A GRANDE SINFÔNICA DE SANTO ISIDORO......................96

22. ABREM-SE AS CORTINAS DO MUNICIPAL!.........................105

23. UM GIRO PELO CENTRO DE SANTO ISIDORO.....................117

24. TUDO PRONTO, TUDO BEM...119

25. A VIAGEM...125

26. TIA NENA FOI DORMIR...130

27. TUDO BEM EM LARANJAL...133

28. VAI E VEM DE MENSAGENS SEM SENTIDO E SEM NEXO..135

29. MOQUECA E PIRÃO..137

30. QUATRO BOTIJAS E CINCO CONVIVAS.................................139

1.

VIAGEM PENSADA

O dia é lindo em Santo Isidoro! Sol radiante, brisa leve. A depender do tempo, a viagem será tranquila, muito tranquila.

São 8:30. Uma ligação telefônica da portaria do hotel desperta do sono repousante o ilustre hóspede, a seu pedido. Ainda hoje, Octacílio deixará a suíte 312 do Hotel Mirafiori para fazer uma viagem a Monte Azul, como de costume.

Ele desperta-se calmamente. Está em paz. Senta-se à beira da cama e reza por duas vezes. É um costume que se incorporou ao seu eu, passado por sua mãe, e que ele não deixou, nem nos seus dias de universitário, nas repúblicas onde morou.

Recebe à porta dois jornais importantes de Santo Isidoro. Lê as manchetes antes de tomar o café, que lhe é servido ali na suíte. Não liga a TV. Seleciona, no rádio de cabeceira, uma emissora que oferece aos ouvintes música e informações. Ouve *Czardas* e, em seguida, *Bollero*, de Ravel.

* * *

Na suíte 314, contígua à suíte 312, dois pecuaristas, provindos de Monsões, uma região pastoril, estão atentos aos passos de seu vizinho. Pelo rádio, informam ao carro, estacionado próximo ao Mirafiori, que "o homem" deixou os aposentos, e já está de saída. Donato responde, acusando que entendeu, e aproxima o seu carro do hotel.

No primeiro posto de serviço da Rodovia Augusto Jimenes, "Dr. Lúcio" aguarda a aproximação dos veículos de Donato e de Eleutério, que acompanham o homem. A partir desse ponto, Dr. Lúcio assumirá a "campana". Nesse instante, também, será desligado o rádio de apoio da suíte 314. A rede passa a funcionar com apenas três assinantes: Lúcio, Donato e Eleutério.

* * *

Octacílio agradece ao ascensorista e dele se despede com um sorriso e um aperto de mão. Ao passar pela portaria, cumprimenta o pessoal de serviço com um aceno da mão direita e um "muito obrigado, senhores! Até a próxima!". Agradece ao gerente pelas gentilezas da hospitalidade e pelas atenções que sempre lhe dedicam. O gerente emocionado quase não consegue dizer: "Muito obrigado, presidente, pela distinção do senhor em escolher o nosso hotel. Mais uma vez, foi uma honra para todos nós servir a Vossa Excelência!". No Mirafiori, todos sempre demonstram, com cavalheirismo e com muita simpatia, a alegria e mesmo honra por terem Octacílio Calcabrini como hóspede, e sentem-se felizes por amá-lo. Continuam tratando-o como presidente, e a ele se dirigem ou referem fazendo uso do Vossa Excelência e do Sua Excelência. Acostumaram-se assim, desde tempos passados.

Ao entrar no automóvel, ele acena para os populares na movimentada avenida, e que foram contemplados pelo acaso por passarem pela porta do Hotel Mirafiori exatamente naquele momento. Alguns gritam: "OC! Queremos ocê outra vez". Ele sorri e sente-se feliz com esse carinho do povo.

Octacílio traja-se com muito bom gosto, nessa manhã. Não dispensa uma capa- sobretudo, sempre combinando com o terno. Hoje, a cor é cinza-escuro. Ele a tem presa ao braço esquerdo. Na mão direita, um chapéu cinza-chumbo, com o qual acena para os populares, agradecido. A elegância, e a postura correta e as atitudes finas de Octacílio envaidecem os seus correligionários, que não podem ver, em qualquer outra figura nacional, um líder com tanto carisma e a quem se deva tributar tanto respeito.

O automóvel percorre discretamente as conturbadas e congestionadas ruas de Santo Isidoro. Num cruzamento, um guarda reconhece a figura de "OC", e libera de imediato o trânsito para que seu carro prossiga. Ao passar por ele, Octacílio recebe do guarda uma saudação, quase em forma de continência, sem os rigores da postura militar, acompanhada de um largo sorriso. Ele responde à saudação com um sorriso e um adeus.

Agora de óculos, o velho político mantém-se atento à leitura dos jornais do dia. Vez por outra, ele suspende a leitura e fica absorto, olhando para a janela, em momentos de reflexão e análise. Então, é reconhecido e cumprimentado por motoristas, por pessoas nas ruas e por passageiros de outros veículos. A todos responde com um sorriso discreto, sóbrio, estudado. Acena feliz quando gritam "OC, vou votar em ocê". Esse velho sorriso e esse velho aceno são de há muito conhecidos pelo povo. A muitos cativou e vem cativando. Já renderam a ele preciosos dividendos políticos, e ainda vêm rendendo, como também causando inveja e notória irritação.

Seu motorista e particular amigo Almenôr Veronezi, embora calado, esbanja felicidade e orgulho por ser o contemplado com tão nobre e invejável tarefa: a de dirigir para Octacílio Calcabrini! Está envaidecido mesmo, e pensa consigo que, entre milhões de patrícios, cabe somente a ele essa responsabilidade e essa honra. Somente ele compartilha de confidências de seu grande amigo e, por que não dizer, senhor. Discretíssimo e de total confiança, ele guardará consigo essas confidências e as levará para o túmulo, certamente.

Como sempre acontece nas viagens por rodovia, dessa vez também Octacílio Calcabrini deixou-se vencer pela monotonia da paisagem sobejamente conhecida e pela sonolência que sugere, e a ela até conduz, o constante roncar do motor dos automóveis. Ele tira um cochilo calmo e repousante. Ou melhor, ele dorme tranquilamente, mantendo preso às mãos, e aberto, o interessante livro que vinha lendo desde que se cansou da leitura dos jornais, colocados no seu carro como uma gentileza do Hotel Mirafiori.

Esses cochilos já são uma praxe. Não causam espanto e nem são novidade para seu motorista. Ele se cala e até reduz a velocidade, para que seu amigo repouse melhor. Nessa viagem, Octacílio não está muito falante como de costume. Apenas por duas vezes iniciou o assunto, e para falar nos filhos, só isso. Está muito sério, e parece triste. Nada comentou sobre o país nem mesmo se empolgou, quando seu amigo puxou o rumo da conversa para a política nacional. Demonstra estar cansado e enfastiado de tudo.

É bom mesmo que ele durma, disse o motorista de si para si. Doutor Octacílio precisa descansar e precisa esquecer um pouco seus problemas; e largar de lado os problemas do país...

O sono de "OC" é interrompido com a parada do carro, ainda que suave, e com o silêncio repentino do motor desligado.

Pronto, doutor. É hora de descansar um pouco, tomar um café, uma água! Depois, é abastecer e seguir viagem.

* * *

Octacílio deixa o restaurante, e aguarda, junto a uma banca de jornal, que seu motorista reabasteça e prepare o carro para prosseguir a viagem para Monte Azul. Logo em seguida, o motorista vai ao encontro de seu amigo, o Doutor Octacílio. Não consegue disfarçar seu orgulho nem como está envaidecido de sua função, principalmente quando percebe que está sendo notado por alguns passageiros de ônibus e por outras pessoas no local. Ele, então, exagera em mesuras. Abre a porta traseira direita para seu "chefe". Encurva-se em sinal de respeito. Um momento de glória para ele!

* * *

Lúcio, em seu carro, bem próximo da "posição" escolhida para acionar o grande evento, recebe a mensagem esperada. *"Tia Nena prossegue a viagem."*

Lúcio está feliz, emocionado, e extremamente tenso.

* * *

Octacílio bate um dedo de prosa com o motorista. Os dois riem de alguma graça inesperada. Ele retorna à leitura de seu livro, retrocedendo umas duas páginas para inteirar-se e retomar a sequência do assunto. Retorna, também, à seriedade anterior; e isso, a partir de um certo momento, quando alguma palavra ou pensamento escrito parece ter-lhe calado na alma, inesperadamente.

— Tudo bem, Doutor Octacílio?

— Tudo bem, Almenôr... Daqui a pouco a gente chega em Monte Azul. Não vejo a hora.

A partir dali, não falou mais palavra. Nem olhou mais o seu livro. Calou-se, pensativo como era de costume.

* * *

São trocadas mensagens sem nexo entre alguns rádios não identificados; são mensagens estranhas ao dia a dia daquela área:

— *Tia Nena foi dormir... Tia Nena foi dormir...*

— *Noruega-Dois... Noruega-Dois... Aqui é Guatemala.*

— *OK, Guatemala... OK... Até breve.*

* * *

O Doutor Octacílio Calcabrini e o seu amigo motorista jamais chegaram em Monte Azul. Jamais chegaram em algum lugar. Nunca mais alguém ouviu sua voz. Nunca mais...

2.

CONVOCAÇÃO URGENTE

O ministro relê a sinopse do dia, preparada por seus assessores, abrangendo temas dos principais jornais do país ao longo de todo o território nacional. Confere documentos e anotações em sua pasta de couro marrom, abordando assuntos a discutir com o seu "staff" na jornada do dia seguinte. Inspeciona rapidamente o seu fardamento, o suficiente para verificar as insígnias e as condecorações, os distintivos, o vinco da calça e o brilho dos sapatos. Prepara-se, nesta noite, para um descanso que lhe parece tão necessário quanto merecido. Uma rotina de quarenta e seis anos de serviço, incluindo a Escola de Formação, e que se vinha repetindo ao longo desses anos com precisão suíça e com pouquíssimas variações. Essas variações não feriam a rotina, e apenas diziam respeito aos diferentes cargos e funções que exerceu ao longo de sua proficiente carreira.

Os taifeiros já se recolheram aos seus alojamentos. Acordados, ainda, somente o pessoal da guarda em seus quartos de hora, e o segurança pessoal do senhor ministro, escalado para aquela noite que se prometia memorável.

O interfone toca insistentemente. O sargento Barroso não se dá conta de que, àquelas horas, está perturbando o repouso do chefe e da família. O general Souza Gutierres, intrigado com o chamado àquela hora, baixa o som da vitrola. Muito a contragosto, é bem verdade: naquele instante, ele ouvia a mais bela página da seleção musical que havia preparado para o seu lazer noturno. Ele ouvia, muito feliz, o *Va, pensiero*, da ópera Nabuco, de Verdi.

Certa noite, já tarde, sua esposa, entreabrindo a porta do escritório, ficou perplexa ao ver seu marido numa empertigada pose: punhos cerrados à cintura, inerte, olhando impassível para algum lugar no infinito, ouvindo a mesma música. Ela cerrou calmamente a porta. O som alto dessa música preferida e os clamores de vibração que o envolviam pouparam-lhe do constrangimento de ser observado pela própria mulher.

— Excelência!?

— Sim, Barroso. O que foi? O que houve?

— Está aqui o coronel Neiva, e insiste em falar com o senhor. Disse que é urgente!

Ao ter acesso ao escritório, o coronel perfilou-se mesmo à paisana.

O ministro fez que iria baixar um pouco mais o som da vitrola, ou até desligá-la, ao que o recém-chegado polidamente ponderou: por favor, senhor ministro. Esta música é muito bonita, vibrante, tocante... o senhor tem um apurado gosto musical!

O general ficou feliz, e sorriu, porque o elogio partia de um subordinado. Os elogios dos subordinados normalmente são sinceros.

O coronel Neiva ainda complementou com uma observação, dissertando de modo claro e conciso sobre a ópera Nabuco. Referiu-se ao cativeiro do povo judeu na Babilônia, para ali levado por Nabucodonosor. Os judeus foram escravos dos babilônicos por setenta anos, mas não perderam a fé no seu Deus; eles mantiveram a união, a esperança do final da servidão, de retornar à sua terra, de reconstruir Jerusalém.

Giuseppi Verdi evoca essa trajetória dos judeus, de sofrimento e de libertação, usando a ópera para conclamar os italianos aos mesmos sentimentos de fé, de esperança, de coragem, num momento terrivelmente adverso para o seu país.

Neiva ainda recita o trecho inicial de um salmo: "junto aos rios da Babilônia nos assentamos e choramos, com saudades de

Sião. Nos salgueiros que lá existem penduramos as nossas harpas. Porquanto aqueles que nos levaram cativos nos pediam uma canção; e os que nos destruíram, pediam que os alegrássemos, dizendo: Cantai-nos um dos cânticos de Sião…".

Ele arremata feliz: é o Salmo 137, senhor ministro!

O ministro apreciou a exposição do coronel, abordando com precisão e convicção aquele acontecimento de tamanho significado para a Itália, e tudo sem perder a clareza. O coronel sorria com indisfarçável e estudada humildade; com subordinação intelectual, ao ouvir atentamente a complementação do chefe referindo-se ao "Risorgimento", movimento liberal e nacionalista do século XIX, que culminou com a Proclamação de Vittorio Emanuelle II em 1861, marcando a criação do novo Estado.

Os chefes têm sempre uma complementação. Civis ou militares, eles têm sempre algo mais a falar; a última palavra. Essa sutileza, quase imperceptível, confere aos chefes uma espécie de ascendência sobre os demais, e parece fortalecê-los em suas posições superiores a que são guindados pela hierarquia dos homens.

O cântico de vitória que a ópera Nabuco transmitiu aos combatentes no "Risorgimento", no século XIX, certamente contagiou, inflamou os ufanistas do "fascismo" no século que se seguiu, animando-os para marchar sobre Roma em 1922, tocados em sua acendrada sensibilidade pelo clamor de *Va, pensiero*, ostentando orgulhosamente suas camisas pretas.

O general dirige-se à vitrola com indisfarçável alegria, e leva o "pickup" até a faixa do LP referente a *Va, pensiero*. Entusiasma-se quando o coronel Neiva, educadamente, começa a cantarolar e, em seguida, a declamar emocionado e em italiano, em frases repetidas e compassadas, o canto vibrante do Coral.

Punhos cerrados à cintura, peito (e ventre) estufados, empertigado, o general caminha pela sala, de um lado para outro, com passadas firmes e queixo levantado ao limite da arrogância, enquanto o coronel declama, agora com sofreguidão:

Va, pensiero, sull'ali dorate,
Va, ti posa sui clivi, sui colli,
Ove olezzano tepide e molli
L'aure doci del suolo natal!
Dei Giordano le rive saluta,
Di Sionne le torre atterrate.
Oh, mia pátri si bella e perduta!
Oh, membranza si cara e fatal!
Arpa d'or dei fatidici vati,
Perché muta dal salice pendi?
Le memorie nel petto raccendi,
Ci favella del tempo che fu!
O símile di solima ai fati
Trazzi um suono di crudo lamento,
O T'ispiri il Signore um concento
Che ne infonda al partire virtu!

Passado o momento cultural, o ministro manda que Neiva se assente e explique o motivo de sua agradável, embora inesperada, visita.

Naquele momento, cenas semelhantes, como que previamente ensaiadas, aconteciam em outros três locais: outros três arautos encontravam-se nas residências dos ministros da Marinha, da Força Aérea e da Justiça, pelo mesmo motivo. Todos eles foram convocados pelo senhor presidente para uma reunião pela manhã, bem cedo, logo no ICMN, início do crepúsculo matutino náutico, como bem anotou posteriormente o coronel Aviador Leocádio, assistente do brigadeiro. Tomariam o café da manhã com o presidente, quando lhes seria dado conhecimento do assunto causador de tão intrigante convocação extraordinária. Por certo, esse assunto não fora incluído anteriormente na agenda de Sua Excelência. Daí, a necessidade de uma reunião em horário especial.

***

Questão de fuso horário, meramente isso, não tenho dúvida, disse o assistente militar do presidente. Para Washington, aquele horário, 17 horas, que seria o início de repouso para outras capitais no mundo, e de sono avançado para outras mais, correspondia apenas a um final de tarde, momento em que se encerrava mais uma reunião do presidente dos EUA com seus assessores especiais, para tratar de assuntos ligados a outros continentes. Não se excluía, é claro, a participação da CIA nessas reuniões.

Não há por que duvidar que, seis horas passadas, uma idêntica reunião se encerrava em Moscou tratando de assuntos e interesses semelhantes, de conveniências semelhantes, e também com a participação da KGB, é claro.

O presidente americano encerrou a enfadonha reunião com um largo e cativante sorriso de candidato à reeleição. Ele disse: tenham uma boa noite, senhores! A essas palavras, seguiram-se efusivos brados, em que se podiam ouvir palavras outras, como: muito boa noite, senhor nosso presidente!

Suas diretrizes para o continente, e para o "Mundo Livre", foram transmitidas às embaixadas americanas nos diversos países, logo em seguida, em linguagem cifrada, especificando os "convenientes" e os "inconvenientes" para cada um dos países alinhados, conforme a ótica de Washington, e conforme o momento de cada um deles.

Tão logo decodificado pela embaixada dos EEUU, o documento foi levado naquela mesma noite à residência presidencial. Um mensageiro já conhecido, num automóvel já conhecido, ainda que com o artifício de constantes mudanças de placa fria, entregou a mensagem da Casa Branca às 20:12. Foi recebida pelo ajudante de ordens escalado para aquela noite, e imediatamente entregue ao presidente. Essa mensagem, **urgente** quanto à **prioridade**, trazia no cabeçalho e no rodapé o carimbo **secreto**, um respeitável grau de sigilo. Exigia, portanto, um tratamento prioritário, e restrição

O HOMEM QUE INCOMODAVA

quanto ao seu manuseio. É bom lembrar que, por algumas vezes, o veículo do mensageiro foi ultrapassado ou deixou-se ultrapassar por um outro da embaixada conduzindo dois cidadãos de terno escuro, tudo dentro das normas de segurança e dos princípios de dissimulação, o que deu um colorido especial ao deslocamento.

Ainda naquela mesma noite, uma outra mensagem da embaixada americana, além de informações complementares, dava conta à Assessoria Militar da Presidência, da chegada à capital, na noite seguinte e em voo de carreira, do coronel Warren Simpson, já velho conhecido de oficiais superiores e de muitos membros da diplomacia pátria.

O coronel Warren viria em uma viagem rápida para contatos, pois ainda visitaria outros três países do continente, considerados de interesse relevante para Washington.

Dessa mensagem, constava uma solicitação ao chefe da Assessoria Militar para "verificar a possibilidade" de incluir na pauta do senhor presidente o nome do coronel Warren Simpson, para ser recebido em audiência. A mensagem ainda fazia alusão a uma necessidade de urgência nesse encontro do ilustre "mensageiro de Washington" com o presidente.

Facilmente se concluía que o coronel Warren Simpson trazia, no bolso de seu colete, outras palavras da Casa Branca, não incluídas, por certo, na mensagem "urgente" e "secreta" recebida anteriormente, palavras essas que seriam transmitidas diretamente ao presidente durante a audiência.

Foram as "informações complementares" ao tal "documento secreto", e a expectativa da visita de Warren, que levaram à convocação urgente dos ministros militares e do ministro da Justiça, na manhã seguinte, logo após o café na residência presidencial.

3.

O CAFÉ DA MANHÃ COM ELE

— Senhores, bom dia!
— Bom dia, Excelência!
— Bom dia, Excelência!
— Bom dia, Excelência!
— Bom dia, Excelência!

Dessa forma, em sequência hierárquica e protocolar perfeita, cada ministro, dos quatro convocados, cumprimentou seu chefe.

— Queiram tomar assento, por favor, convidou o presidente.

Após o café da manhã, em que não foram tratados outros assuntos além de amenidades, e feita alguma referência às manchetes de quatro grandes jornais do país, e também de um jornal londrino, um jornal parisiense e outro de Nova Iorque, dirigiram-se todos à biblioteca do Palácio, ocupando lugares adrede preparados pelo tenente-coronel assistente, e checados pelo chefe da Assessoria Militar, o qual verificou o acerto das providências tomadas: plaquetas com a função e o nome dos ministros, blocos de papel e caneta para anotações, copos, guardanapos e garrafas de água mineral sem gás, e já abertas.

Os ministros não escondem a ansiedade e apreensão.

O presidente, chefe supremo da nação e "timoneiro seguro do Movimento Restaurador da ordem e da moralização dos costumes, e de alavancamento do progresso", encara os ministros um a um. Está sério como sempre.

O HOMEM QUE INCOMODAVA

Explica-lhes o motivo da reunião, e adverte sobre a seriedade do assunto. Diz de sua importância para a Segurança Nacional, alertando-os sobre os rumos do Movimento Restaurador e sobre as metas traçadas por seus idealizadores.

Abordou a conjuntura mundial e a conjuntura nacional. Esta, intimamente ligada àquela, ressaltou. Deu ênfase à problemática do petróleo e as consequências para o mundo. Apresentou projeções pouco animadoras para o nosso país.

Tudo é falado calmamente e de maneira segura. Ainda que abordando os assuntos de modo sucinto, a concisão não comprometeu a clareza. Ele não perdeu a conhecida "fleugma britânica", a calma e a segurança ao discorrer assuntos de suma importância, transmitindo novos conhecimentos, como sempre. Esses atributos conferiram-lhe, ao longo dos anos, tanta credibilidade e até mesmo subordinação mental e intelectual por parte de muitos, para não se falar do êxtase de outros mais, inebriados e subservientes.

Ao final das palavras iniciais do presidente, o chefe da Assessoria Militar, general Arno, procedeu à leitura de tão intrigante documento, enviado por Washington na noite anterior.

Começou por mencionar o grau de prioridade: URGENTE. Prosseguiu mencionando a "classificação sigilosa", um ponto abaixo do grau máximo de sigilo, que é "ultrassecreto". Ele falou encarando os presentes: SECRETO.

Terminada a leitura, os quatro ministros mantiveram-se estáticos, olhares penetrantes e resolutos, expressões enraivecidas, coléricas, mas disciplinadas.

Encanecidos, de pálpebras cansadas, faces cheias de marcas de expressão, deixando ver que já ficou para bem distante aquela higidez física dos tempos da escola militar e da universidade, aqueles ministros mantêm em seus espíritos e corações a convicção ideológica que norteou seus caminhos, e conservam, inabaláveis, a tenacidade, a firmeza de atitudes e o caráter, um fato anotado por seus assessores e seus amigos.

As recomendações, emanadas de Washington e constantes da "mensagem", abordam, em resumo, três temas totalmente inconvenientes aos destinos do Movimento Restaurador: sufrágio universal imediato, anistia política imediata e, como se não bastasse, portas abertas a uma inspeção externa para constatar o cumprimento das referidas recomendações e para verificar a situação dos direitos humanos ao longo de todo o território nacional. (Não foram mencionados os conselhos complementares trazidos pelo coronel Warren Simpson e transmitidos ao presidente diretamente, naquela audiência que foi concedida ao visitante, no dia seguinte.)

Uma ingerência descabida em assuntos internos de outra nação; uma demonstração de insensibilidade e de desconhecimento de nossas verdades, de nossa história, de nosso modo de ser, das características do país... como se o cumprimento de tais recomendações não nos custasse uma mudança radical interna, a curto prazo, atingindo a estabilidade também do Bloco Ocidental, ainda que indiretamente, observou um ministro, com o que concordaram os demais, com gestos, carrancas e pigarros.

Logo em seguida, o chefe do Serviço de Inteligência apresentou um relato sucinto e muito sério sobre a situação interna, sobre a conjuntura mundial e sobre o acelerado expansionismo comunista, "já tendo se apossado de regiões na Ásia e na África, de extremo interesse e valor estratégico para o Mundo Livre, capitaneado pelos EEUU, e ainda mais, insinuando-se sobre os estreitamentos de rotas marítimas e pontos dominantes no mundo".

Toda essa apresentação visava apenas reavivar nas consciências presentes o como eram inoportunas as recomendações recebidas, e criar um clima adequado para as palavras seguintes, sábias palavras do presidente, como eles sempre esperavam. Em sua explanação, o chefe do Serviço de Inteligência abordou fatos antagônicos ligados aos Campos do Poder, em que se constatava a "ação nefasta e até criminosa da subversão comunista, em seu anseio de tomada do poder, tanto por vias pacíficas, como preferia Moscou, como através da luta armada, inspirada em Pequim e insuflada por Havana e por Tirana". Ele falou de acontecimentos recentes e atuais, o que provocou excitação e ira nos presentes e levou alguns a certa perplexidade, principalmente quando se referiu a alguns órgãos da imprensa que, não se omitindo, manobraram as notícias ao seu bel-prazer, fazendo o jogo da subversão e incitando à desordem. Seria o retorno da baderna!, murmuram os presentes.

Prosseguindo em sua explanação, lembrou que uma onda de inconformismo, de ideias inovadoras e até de indisciplina por parte de muitos padres e freiras, causa preocupação ao Vaticano e pode abalar os alicerces da Igreja Católica. Até mesmo alguns setores do Protestantismo mostraram-se simpáticos às novas ideias de cunho marxista-leninista, e ao novo Evangelho que elas sugerem. Organizações estrangeiras, ligadas à defesa dos direitos humanos e à defesa da ecologia, instigaram a rebeldia e até patrocinaram atividades subversivas no país e no continente. Ativistas nacionais participaram de congressos de proscritos partidos comunistas em países amigos, revigorando o internacionalismo de seu movimento. Instigam estudantes a greves, passeatas e protestos. Alguns deles cursaram "escolas de subversão, terrorismo e agitação" em países da então URSS e em Cuba. Salientou que recrudescem os movimentos sindicais pretensamente reivindicatórios, contestatórios, e já se propaga a "greve pela greve"!

O chefe do Serviço de Inteligência ainda reavivou nas mentes muitas atividades do "MCI", Movimento Comunista Internacional, patrocinadas por Moscou; muitas delas, via Havana, ou inspiradas em Pequim. O que mais revoltou o pequeno auditório foram citações sobre tentativas de infiltração nos quartéis, "plotadas" a tempo, e as campanhas de desmoralização das Forças Armadas de todos os países não alinhados com os soviéticos. Ele silencia-se por uns segundos. Um tanto cinematográfico, encara os atentos ouvintes, deixa o púlpito vagarosamente e procura sentar-se à retaguarda do seleto grupo.

Silêncio. Mutismo total. Não é dado aos militares romperem silêncios, senão quando chamados pelo chefe. E no presente caso, o chefe não chamou ninguém. Também emudecido encontra-se o ministro civil convocado para aquela importante reunião.

O presidente retoma o púlpito, e observa as faces dos seus ministros. Leu os olhares e captou os pensamentos em cada uma das expressões. Ele diz:

— Senhores, eis a situação. Eis o quadro...

Ele prosseguiu em suas palavras, como já vimos, sempre firmes e conclusivas, e até inebriantes para alguns, não admitindo ponderações ou contestações, o que permite ao menor entre os menos argutos concluir sobre as suas diretrizes e normas de conduta a serem adotadas. O presidente se pergunta: quais as implicações de um sufrágio popular para as próximas eleições presidenciais? E quanto às "recomendações" sobre sua antecipação?

Murmúrio. Revolta entre os presentes.

O "grande chefe" prossegue em suas autointerrogações: quais as implicações de uma anistia imediata e irrestrita? E mais ainda: "abrir as portas" para uma inspeção de outras nações em nosso território? O que é isso? O-que-é-isso? O-que-é-isso?

Ele ficou ruborizado e fez uma pequena pausa para reflexões, não para respostas ou apartes. Os presentes estão calados e encolerizados. Após uns dois goles de água mineral sem gás, o presidente continua perguntando-se: seria isso uma demonstração nossa de passos largos em direção à democracia para dar satisfação ao "primeiro mundo"? Um consequente olhar menos desconfiado para nós e para nossas intenções? Maior segurança quanto a investimentos em nosso país? E quais seriam as implicações internas? E o rumo de nosso Movimento Restaurador?

Após essas perguntas, o presidente debruçou-se sobre o púlpito, apoiando-se no antebraço direito, como que se aproximando de seu pequeno auditório. Encarou a todos e gesticulou firmemente com o braço esquerdo, ao tempo em que sentenciava exacerbadamente:

O HOMEM QUE INCOMODAVA

"Somos os fiadores dessa Restauração Nacional! Recolocamos, sozinhos, o trem nos trilhos, e estamos imprimindo velocidade, mas não atabalhoadamente, nem demagogicamente, e sim com segurança e responsabilidade. Ninguém nos deu a mão! Nós, somente nós, sabemos de nossos problemas, de nossas mazelas, de nossas necessidades. Estamos voltados para soluções que nos dizem respeito. Conhecemos nossas potencialidades, nossos problemas, nosso povo! Nós, e somente nós, sabemos o que nos seja melhor! Não nos imiscuímos na vida e no destino de outros povos! Não! Nunca!".

Seguiram-se olhares de inequívoca aprovação por parte de todos, acompanhados de pulsações cívicas. Um momento de muita emoção; de rara emoção!

O presidente, já mais calmo, e circunspecto como sempre, prosseguiu em suas palavras: "Voto popular para presidente, no momento, nos levaria ao retorno da anarquia, da desordem. Reabriria portas para o inimigo comum do Mundo Livre. Eles não enxergam isso! E mais ainda: quem, quem venceria esse pleito? Seria desnecessário fazer uma consulta a respeito, em nossa reunião. Todos sabemos **quem seria o vencedor**. E todos sabemos da inconveniência **"desse homem"** no poder. Venceria nas urnas populares, não por sua capacidade ou por sua responsabilidade, nem por seu patriotismo. Muito menos por um programa de governo, mas por seu carisma inconsequente, ilusionista! E a nação não pode correr esse risco. Não pode e não vai!".

Sua Excelência prosseguiu em suas palavras. "Não é de interesse de Washington que Octacílio Calcabrini ocupe a presidência em nosso país. Nem ele, nem outro qualquer de esquerda, ou mesmo comprometido com a esquerda. A nós, interessa muito menos ainda uma tal situação. Mas agradaria muito à Casa Branca uma urgência nas eleições, e com voto popular. E a subida ao poder do vitorioso nas urnas. Alegam que, para a Democracia, é mais conveniente a posse de um mal escolhido do que a permanência de um não escolhido pelo povo. O importante é o exercício da Democracia, afirmam.

Ora, ora! Para nós, também! Estamos caminhando para esse objetivo. Por outro lado, eles não têm a visão do perigo e do problema que nos causaria, e a eles também, a vitória de um comprometido com Moscou, com o marxismo".

No pequeno auditório, contrações nas fisionomias, olhares de repúdio e movimentação nas poltronas. Irritação geral! O coronel assistente pressentiu que o presidente faria um pequeno intervalo na empolgante reunião. Empolgante, séria e estratégica reunião. Por isso, olhou para o grande chefe disfarçadamente, no que foi correspondido com um breve movimento pupilar, o que significava: pausa para um café e para uma água mineral sem gás.

Recomposto o dispositivo, todos em seus lugares e em atitudes inerciais, o presidente retornou em suas considerações: "E quanto a uma anistia, também imediata? Que projeções podemos fazer a respeito, se não a conturbação da ordem, e o inconformismo e frustração de nossos camaradas, dos que empunham nossa bandeira?".

Novamente acontece uma inquietação no pequeno e altamente seleto auditório. Um dos ministros acena, com a devida e respeitosa discrição, ao presidente, como que a rogar por uns segundos, para fazer uma observação. O presidente encara-o, e, com um levantar de sobrancelhas acima dos óculos, fita o aparteante, permitindo-lhe falar.

"Senhores", diz o ministro, contemplado com tão significativa permissão. "É a nossa Soberania que está sendo ameaçada de vilipêndio (todos apreciaram o termo 'vilipêndio'). Nossa Soberania, conquistada com não poucas lutas e até com o sangue de nossos irmãos, desde a Independência, e consolidada a duras penas! A História encravou isso em suas gloriosas páginas!" Visivelmente comovido, tossiu nervosamente, e sentou-se. Apoio total demonstrado com discretos e respeitosos sussurros por parte dos demais. Silêncio...

O presidente, "timoneiro seguro do Movimento Restaurador da ordem e da moralização dos costumes e de alavancamento do progresso", retoma a palavra. Ele diz, com a sabedoria que o distingue dos demais: "Senhores! Soberania Política significa termos assegurada a faculdade de autodeterminação e de convivência com as demais nações, em igualdade de direito, mantendo a intangibilidade da Nação. E nós a conquistamos com não poucas lutas e até com o sangue de nossos irmãos, não há dúvidas! Mas o que o momento está a nos sugerir é a **soberania econômica**... e essa nós não a temos ainda! E não a teremos com lutas, com sangue ou com vibrações cívicas! Nem o puro patriotismo nos levará à sua conquista... Trata-se de assunto muito mais completo. Nós não somos autossuficientes e não estamos em condições de ditar normas. Economicamente, somos dependentes. Temos que acatar normas. Infelizmente, mas ainda temos. Quando muito, barganhar, em astutas e inteligentes jogadas diplomáticas! Lembrem-se: não nos encontramos em P.O. (Posto de Observação) de Pelotão! Vejamos o T.O. (Teatro de Operações) como um todo, não com a visão restrita de um simples comandante de pelotão; com a visão de um tenente: jovem, impulsivo, inexperiente...".

Essas palavras sérias e sábias encontraram total receptividade em seus ouvintes, não somente por partir da Suprema Chefia, mas porque aqueles velhos senhores, providos de tanta autoridade e mando, estavam deixando-se levar pela emoção. Ele continuou a emitir suas opiniões, sempre respeitadas por eles:

"O Poder internacional, numa visão realista dos fatos e das coisas, é a capacidade de um Estado de impulsionar ou obrigar os demais e agirem de determinada maneira ou deixarem de fazê-lo. Ora, meus companheiros (um notório sentimento de felicidade nos presentes ao se virem tratados tão intimamente por Sua Excelência), Pequenas Potências não podem sonhar com ambições maiores que deter o Poder Defensivo, o que traduz, quando muito, sua possibilidade de não deixar que a vontade alheia lhe seja imposta. E talvez mais: salvaguardar sua autonomia, manter seu estilo de vida... Quem dispõe do Poder Ofensivo, notem bem: 'ofensivo', pode atuar sobre outras Unidades Políticas, convencê-

-las, constrangê-las. As superpotências de hoje chegam a brincar com essa capacidade, até de maneira sádica. E as de ontem não foram diferentes. A '*pax romana*' ainda persiste no mundo, apenas com outros nomes. Nosso esforço está direcionado na obtenção do Poder Defensivo, ainda neste século. Poder Ofensivo? Depois. Será depois... muito depois".

Seguem-se momentos de profunda consternação e de análise. Infelizmente, por que não se dizer, desgraçadamente, o presidente está mais uma vez com a razão, concluíram. Suas palavras foram duras, secas, realistas. Mas "manda quem pode; obedece quem tem juízo". E isso também é válido para as relações internacionais!

"Senhores", prosseguiu ele: "vamos estabelecer normas de conduta, procedimentos táticos que a estratégica está a nos impor, pensando no melhor, para o nosso país, no melhor para o prosseguimento de nosso Movimento Restaurador, para atingirmos as metas que traçamos. Visualizemos o combate. Esse inesperado problema que nos sobreveio deve ser encarado como se fosse uma evolução no combate, impondo conduta adequada a uma nova situação. Impondo-nos decisões rápidas e inteligentes. Vejam. Não há que se mudar os planos traçados, mas sim pensar em como continuar cumprindo esses planos diante de uma situação momentânea. Um fato pertinente às guerras, desde tempos bíblicos! Uma conduta de combate.

A crise é real, é mundial! O mundo depende do petróleo, e o petróleo é o soberano da conjuntura mundial. Se o barco está à deriva, nosso país ocupa um lugar nesse barco também. Produzimos razoavelmente, é verdade, mas não o suficiente para a nossa demanda. Precisamos continuar crescendo, e isso nos impõe manter o consumo de petróleo nos atuais níveis. Aí reside o problema: a manutenção desse consumo nos impõe aceitar imposições externas. Nossos objetivos estão delineados. Queremos crescer, e vamos crescer! Vejam bem. Grandes projetos de desenvolvimento estão em curso. Vamos perdê-los? Temos potencial para arcar com o peso de dívidas externas necessárias.

O HOMEM QUE INCOMODAVA

Elas se pagarão a médio prazo. Sustentamos e temos sustentado o esforço de nosso povo para conseguir a prosperidade, mantendo o quadro de ordem e tranquilidade. Isso é inegável. E isso causa assombro, e incomoda" (o presidente não disse a quem assombra ou incomoda, mas todos entenderam).

Ele prosseguiu em suas considerações: "O anseio da Nação é o crescimento, a paz, o trabalho. Nosso movimento Restaurador continua sendo o fiador desses anseios, dessas aspirações já arraigadas na consciência nacional. Mas..." — e foi enfático nesse "mas" — "acidentes de percurso estão nos impondo condições. É hora de calma e de reflexão, de usar de sabedoria nas decisões. De aceitação sem subserviência".

Ele tomou um golinho de água mineral sem gás, e continuou: "Os países produtores de petróleo carecem de segurança e de grãos! Que extraordinário poder tem em suas mãos quem pode suprir, e supre, essas necessidades dos donos dos lençóis de óleo!".

Encarou os ministros, fez uma pausa e arrematou: "Washington **pode**. É inegável que pode. Tem o poder nas mãos. Tem o Poder Defensivo e o Poder Ofensivo. Tem todos os poderes possíveis e imaginários para ditar normas políticas e econômicas ao Ocidente e aos seus aliados no Oriente. E não teria constrangimento em empregar a força militar para ver prevalecida a sua vontade. Pode, por exemplo, condicionar o seu fornecimento de grãos e de segurança aos árabes ao cumprimento de critérios seus, de decisões suas. Em outras palavras, *vocês não deverão fornecer petróleo para tal país, isso pode me desagradar, e eu poderei suspender o fornecimento de alimento para vocês, e poderei repensar nosso acordo de segurança...*'. É o jogo do Poder!

Washington **pode,** se assim o entender, sufocar a economia de um país do Mundo Livre, ainda que seja seu aliado, deixando de importar seus produtos, sobretaxando as importações, obstruindo-lhe o acesso ao mercado financeiro, usando de protecionismos...

Por outro lado, Moscou também **pode** proceder da mesma forma, e valendo-se de métodos equivalentes no que se refere aos seuna Cortina de Ferro e a seus aliados no mundo.

Compreendamos o nosso momento: trata-se de um malabarismo. Requer atenção e perícia no empunhar o timão, e no acelerar ou reduzir os motores do barco. Fatos conjunturais não nos desviarão do objetivo maior: chegar logo ao Primeiro Time. Adaptações táticas não comprometerão a estratégia! Os senhores entenderam?!".

Os ministros entenderam as metáforas. Afinal, ceder em parte não significa entrar em rota de colisão. Não significa ceder em tudo, concluíram.

Ao fechar suas anotações, o presidente, "timoneiro seguro do Movimento Restaurador da ordem e da moralização dos costumes, e de alavancamento do progresso", demonstrando cansaço e irritação, fez ver aos presentes que as decisões a serem tomadas por ele seriam inarredáveis e não admitiriam ponderações. E os presentes, é lógico, concordaram plenamente e imediatamente. Aguardaram o fecho daquela reunião, mas não puderam avaliar o desfecho dos acontecimentos que aguardavam a todos.

"Senhores", disse Sua Excelência, "apresentem aos altos escalões de suas pastas o nosso momento. Os senhores são sábios e prudentes o suficiente para saber o que transmitir do que aqui foi tratado, impedindo histerismos e radicalizações. Nada, nenhuma informação sobre esta nossa reunião deve ser passada por eles aos escalões seguintes antes do nosso próximo encontro".

"Bem, senhores", disse ele, "estamos em 'D menos nove' (D-9). Estaremos aqui reunidos, novamente, em 'D'. Tragam relatórios sobre as reuniões com seus comandos e chefias. Estejam preparados. Promoveremos mudanças e adaptações em alguns setores da vida nacional. Serão condutas táticas em razão da evolução dos acontecimentos, da evolução do combate. Contenham os exaltados, os impulsivos, os arrojados. Lembrem-se: não se fazem revoluções sem os exaltados, mas não se governa com eles. Líderes exaltados e líderes em potencial devem ser vigiados. Contidos e acalmados, se necessário. Não os percam de vista, acompanhem seus passos. Que sejam retirados de postos-chave. Sejam colocados em funções burocráticas, e junto a chefes que os vigiem".

O presidente encara o ministro da Justiça, o suficiente para que ele entenda que também são válidas para ele as observações e determinações feitas aos outros ministros. Com um pequeno movimento de cabeça, o ministro, fitando o "Chefe Supremo" nos olhos, mostrou-se perfeitamente ciente e consciente do assunto.

4.

AUDIÊNCIA ESPECIAL PARA O CORONEL WARREN

Terminada a audiência especial, breve, diga-se de passagem, em que apresentou ao presidente recado especial de Washington, o coronel Warren Simpson desce o elevador reservado do Palácio e percorre, outra vez, os corredores que o conduzirão diretamente ao automóvel de sua embaixada. Um itinerário palaciano bastante discreto, dissimulado e a salvo de olhares e ouvidos intrigantes. Acompanha-o o chefe da Assessoria Militar do presidente, general Arno, responsável, no caso, pelas cortesias e mesuras que a despedida exigia. Com um abraço e um largo e costumeiro sorriso, o coronel Warren despede-se dele com poucas palavras.

— Até logo mais, general.

— Até breve, respondeu o assessor, desculpando-se por não poder estar presente no jantar daquela noite, conforme o que fora anteriormente acertado por eles. Explicou ao coronel Warren o motivo que lhe "roubava o privilégio de participar de tão agradável e descontraído encontro": ele integrará, na manhã seguinte, a equipe precursora que preparará a visita oficial do presidente a países da Europa, no próximo mês, e ao Japão, em seguida.

O coronel Warren deixa-se trair, por curto espaço de tempo, mudando o semblante alegre já muito conhecido, e que o faz sempre receptivo e amistoso em qualquer meio em que se faça presente. E essa variação de semblante encontra uma explicação, e até uma forte razão, nos recentes comportamentos da política externa do país que o recebe no momento. Isso, de alguma forma, vem desagradando Washington, que a considera pragmática e oportunista. E agora essa aproximação com a Europa e também com o Japão... e mais essa diversificação e ampliação do leque de vínculos internacionais, que só podem resultar em distanciamento progressivo de seu país.

E tem mais, pensou e repensou Warren Simpson: para surpresa de todos, nessa crise de petróleo, a economia deles tem-se mostrado mais forte que fraca, um fator de robustecimento da autoestima desse povo. É isso! Um motivo, um incentivo para outras aventuras, e até ensaios para o grande sonho que acalenta: ter um dia a autonomia econômica.

Uma figura humana interessante, o coronel Simpson. Interessante, simpática e amiga. Esses atributos, acrescentados a outros mais de sua personalidade, inspiravam confiança e conferiam-lhe trânsito livre pelos corredores palacianos e pelos labirintos dos quartéis generais, há muito tempo. Talvez, ainda, por dominar muitos idiomas, por estar sempre pronto a fazer uma graça ou achar graça de alguma graça, ainda que sem graça. Um homem resoluto, envolvente, de presença agradável e de argumentos quase sempre irrefutáveis, na defesa de suas convicções.

Para ele, envolvido pelos mais puros sentimentos de respeito humano, de respeito mútuo e de fraternidade, é muito séria e de valor incomensurável a expressão "A América para os Americanos".

Ele entende que todo o continente americano, do Polo Norte ao Polo Sul, pertence aos seus diferentes povos. Ele vê a todos, do Norte, do Centro e do Sul, como irmãos, com igualdade de direitos e deveres.

O coronel Warren Simpson chega a ser puro, puro demais em sua concepção de paz, de harmonia e de entendimento entre os povos, de irmandade e de cordialidade nos continentes. De Pan-Americanismo, no que diz respeito ao Novo Mundo. De Pan-Africanismo, de Pan-Asiasismo e de outros Pans, é o que afirmam seus amigos.

Enfim, o coronel Warren Simpson vê a todos como uma linda, pacífica e exemplar família, na qual o irmão mais rico e mais importante, o seu país, cheio de amor e de preocupação com seus irmãozinhos, está permanentemente pronto a ajudá-los e a orientá-los na trilha do bem comum e do entendimento. Quanto a Cuba, acha ele que, "mais hoje mais amanhã, esse país voltará ao sadio convívio pan-americano, e isso acontecerá pelo clamor de seu próprio e pobre povo".

Em sua pureza quase simplória, Simpson não consegue compreender, e até fica magoado, por que alguns críticos se referem àquela célebre expressão da Doutrina Monroe, *"A América para os Americanos"*, como sendo "As Américas para os Americanos do Norte". Simpson não se dá conta, e talvez não se lembre mais, de como os geopolíticos nazistas admiravam essa "doutrina", e diziam encontrar nela uma forte inspiração para a divisão do mundo em "pan-regiões", conforme propunha o mestre Haushofer. Vencendo o nazismo, ficaria a "Pan-América" sob o controle dos EUA; a "Euráfrica" com a Alemanha; e a "Pan-Ásia" com o Japão! Essas palavras eram sistematicamente repetidas pelo coronel Mário Miranda, seu velho amigo, sempre que o assunto esbarrava em Warren Simpson.

O coronel Warren Simpson, como já foi visto, acredita piamente na política do "Pan". Ele acredita na irmandade e na cordialidade entre os povos. Chega a acreditar que um grande Estado pode muito bem abdicar de alguma benesse própria em favor de outros em necessidade. Para acalentar essa cordialidade, essa irmandade e boa vontade entre os povos, um grande Estado pode ter esse gesto; tudo em favor da política do "Pan". Ele vem alertando o seu governo sobre os ressentimentos gerados, regados e adubados pelo protecionismo, política adotada e largamente usada pela Casa Branca. Tem alertado, também, pela perigosa utilização que a Casa Branca adota de retaliação econômica, como instrumento de pressão. Uma atitude antipática e fomentadora de sentimentos antiamericanistas. Compreende também Warren, esse "homem bom", que o país que ele visita no momento vem-se preocupando menos com as considerações ideológicas do que com sua própria posição tática nessa conjuntura mundial. E isso em pleno expansionismo soviético! Que perigo, pensou ele.

Warren, nessa tarde, está chateado e até um pouco triste, não só por cumprir constrangedora missão, mas por se dar conta de que suas palavras e observações já não encontram tanta receptividade entre seus antigos aliados. E, por que não dizer: seus amigos.

Mas, pensa ele, não há nada que não se possa esquecer num jantar descontraído e alegre! E nenhum lugar será melhor que o Restaurante Amainero.

5.

O RESTAURANTE AMAINERO

Pode-se dizer que o Restaurante Amainero, escolhido para a reunião da noite, destaca-se dos demais por ser um dos poucos locais aprazíveis e agradáveis nas noites da capital.

Oferece, ao feliz visitante, pratos regionais do país, e está sempre em condições de atender a pedidos de quaisquer cardápios, desde a mais elementar pizza de muçarela, passando por diversos e requintados franceses, até os estranhos pratos indianos ou tailandeses, com seus exóticos temperos.

De suas janelas envidraçadas e de suas sacadas permanentemente acariciadas por uma brisa de noroeste, descortina-se uma visão ampla e magnífica da capital, principalmente à noite, quando milhares de pontos luminosos falam de vida em lares acordados, de conchavos em escritórios e representações, e demarcam longas, silenciosas e exuberantes avenidas.

O solícito "maitre" preparou na sacada-mor um ambiente aconchegante para os ilustres clientes: uma pequena mesa, circundada por quatro confortáveis poltronas de couro. Toalhas brancas de linho e arranjo de orquídeas dão requinte ao local e ao momento. Uma cena cinematográfica ao clarão da lua e sob céu estrelado, e embalada por um vento suave e refrescante. Ali, os anfitriões e o coronel Warren Simpson aguardarão tranquilos o chamado para o grande salão de refeições. No momento oportuno, eles pedirão o cardápio e se decidirão pelo prato, dali mesmo, enquanto saboreiam o antepasto regado a whisky, e jogam conversa fora. Um relax merecido, disse Warren. Mais do que merecido!, sentenciou Cosenza.

Figura também interessante, a de um "maitre". Rarissimamente sabemos o seu nome. Porque em nenhum momento haverá dois deles num mesmo ambiente. Ele, é ele só. Por isso, nunca será necessário chamá-lo ou citá-lo pelo nome, senão pela função nobre, que lhe exige ser discreto, educado, fino e cortês. De gestos estudados, polido no falar e no trato com os clientes, o "maitre" dispensa a todos a mesma atenção, independentemente de suas aparências ou de seus trajes. E isso se justifica: uma calça jeans desbotada, uma camisa de meia-manga, um tênis simples podem ocultar uma carteira polpuda, uma gorda conta bancária ou, quem sabe, um dos "Vossas Excelências" da vida, o que se verá na gorjeta, no final do repasto. No caso presente, o "maitre" já de há muito conhece o ilustre visitante, coronel Warren J. Simpson, a quem costumeiramente faz uma sugestão sobre o vinho, "o que a casa tem de melhor", e sobre o prato escolhido, o qual a "casa serve muito bem".

São vinte horas e dezesseis minutos. O coronel Warren senta-se em uma das quatro poltronas que circundam a pequena mesa oval, coberta com fina toalha de linho e encimada por um arranjo de orquídeas, tudo de esmerado gosto. É-lhe oferecido o lugar do qual melhor se descortinam as luzes salpicantes e a beleza da capital. Na verdade, o luar e o céu de estrelas são iguais para todos, independentemente de poltronas, de finos arranjos, ou de posições na mesa ou na vida.

A informalidade do momento, em tão agradável reunião, sugere abolir o "senhor" e os postos que a carreira militar conferiu a cada um deles. Assim, nesse instante de descontração, passam a chamar-se Warren, Cosenza, Adamastor e Gesoíno. Isso torna o momento mais ameno e agradável. Fala-se de tudo. Cada um dos presentes descreve um pouco de sua vida, de sua origem social e familiar e de sua terra natal. Muito interessante esse papo amigo e descontraído!

O prato foi escolhido sem problemas. O coronel Cosenza, do Exército, acena discreta e polidamente para o "maitre", informando-lhe sobre a decisão do grupo quanto ao prato. Com desdobrada atenção e mesuras, ele aprova a escolha, considerando-a feliz e sábia. Informa que logo serão servidos, ao tempo em que se retira com não pequena polidez.

É pena que, à noite, não seja aconselhável uma caldeirada, um cozido madrilenho ou uma feijoada, como bem desejava Warren. Ele adora esses pratos, mas há um bom tempo que se priva de tamanho prazer, não por sua vontade, porque essa não lhe falta, mas, forçado pelo tempo restrito de suas viagens, pelas cansativas etiquetas dos protocolos, enfim, pelas imposições do serviço. Nesta noite, mais uma vez, haverá de reprimir seu desejo. Haverá de autofrustrar-se, sempre em razão das "imposições do serviço", escravo que é do dever e das obrigações, como ele não se cansa de afirmar.

Adamastor, melhor dizendo, capitão-de-fragata Adamastor, faz comentários interessantes sobre pratos típicos de diversos países, sobre curiosidades que envolvem o seu preparo, suas origens e também sobre tradições a respeito desses pratos. Esse homem do mar conheceu, por força da profissão, muitos países, apaixonando-se por uns, gostando de outros, e não fazendo referências a outros mais, nos quais, inclusive, não gostaria jamais de aportar. Nessas andanças, recolheu curiosidades, fotografou muito, e registrou na memória, e em seu diário, fatos pitorescos dos lugares em que pisou.

Guarda consigo o porquê de muitos pratos típicos, o que lhe cai bem, em se considerando a desenvoltura de seu ventre e seu conhecido apetite, apaixonado que é por todos os tipos de iguarias. Adamastor discorreu sobre pratos de regiões polares e sobre outros, dos países nórdicos. Entrou em mais detalhes e falou de muitas curiosidades da comida tropical, de sua preferência. Riram-se muito e descontraidamente, mas sem ferir a etiqueta ou mesmo perder a pose quando abordaram o tema "espaguete à puttanesca". Tem origem numa aldeia da Itália, onde uma gentil senhora, ao ver que se aproximava a hora do marido chegar em casa para almoçar, deixava o amante do dia, fosse qual fosse a fase em que se encontrasse o folguedo amoroso, e corria para sua casa, e preparava um molho rápido e delicioso, tão ao gosto de seu querido marido!

— É verdade mesmo! E os italianos não escondem isso, arrematou Warren, conhecedor dos assuntos, dos atrativos e da história italiana. Ele é veterano da II Guerra Mundial, e seu tempo maior em campanha ele o passou na Itália, da Calábria ao Vale do Pó. Ele adora esse país, e até em algumas vezes expressa-se em italiano, ou usa termos italianos em conversas descontraídas e informais. Há bem pouco, ele falou "eco", levantando os ombros ligeiramente, ao se ver impedido de saborear uma caldeirada, um cozido madrilenho ou uma feijoada, por serem pratos desaconselháveis para a noite. E concluiu com um "va bene", ao lhe sugerirem outro "piatto".

Mas Adamastor esbanja conhecimento ao falar sobre comidas típicas, suas origens e sobre curiosidades que as cercam. Todos prestam atenção em suas palavras.

— Vejam como são as coisas, diz ele. A Casa-Grande, a casa da fazenda, ou mesmo a casa do engenho, onde moravam o "senhor" e sua parentela, destinava à Senzala, lugar de recolhimento dos escravos, os refugos de sua cozinha. Do porco, as patas, o focinho, miúdos, rabo, orelhas eram incluídos no panelão dos escravos. Tudo isso muito temperado por eles e misturado com feijão-preto.

— Que também não tinha nobreza, porque era feijão de engordar porco, interrompeu Gesoíno, o tenente-coronel aviador...

— E o "aluá"?, perguntou Adamastor, não com o intuito de receber alguma resposta, mas para dar ênfase à sua próxima explicação: pura casca de abacaxi! A senzala deixou fermentar a casca do abacaxi em água fresca... Depois, foi só coar, adoçar, e pronto. Uma delícia de refresco!

Ele falou de mais coisas, e sobre várias regiões por que passou. Suas palavras iam sendo acompanhadas com atenção, não tanto por apresentar o tema algum conhecimento de extraordinária importância para o avanço tecnológico e científico da humanidade, mas porque vinha ao encontro da necessidade do momento, quando qualquer papo preencheria o desconforto reinante, e percebido, em razão da ausência do assessor militar do presidente àquele jantar de amigos. Para o coronel Warren Simpson, na verdade, uma desconsideração, ou quem sabe até uma pequena retaliação, mas de significado considerável! De significado político, a requerer demorada análise, com mais calma.

O comandante Adamastor ainda explicou aos presentes as origens da "cocada preta" e da "goiabada cascão". A cocada preta, prosseguiu ele, que agrada tanto, deve sua origem ao descuido de uma mucama, que deixou queimar o "doce de coco" no panelão... Os cascões, grudados no tacho de goiabada e destinados aos escravos, agradavam mais que o próprio doce. E assim também aconteceu com o doce de leite.

— Senhores (interrompe polidamente o "maitre")! O jantar é servido! Ele indica o caminho do salão de refeições, com classe e salamaleques costumeiros.

6.

NOTÍCIA-BOMBA!

Nessa manhã de "D-7", o ministro das Forças de Terra, assim como os outros três ministros convocados, reúne seus assessores de comandos maiores e de altas chefias, tanto os que exercem comando de tropa quanto os que conduzem a administração. Presente, também, o seu chefe do Serviço de Inteligência.

Naquele momento, um quadro da conjuntura nacional e da conjuntura mundial é trazido à reflexão de todos à semelhança do que ocorreu na reunião de "D-9", naquele café da manhã com o presidente. Por conta do chefe do Serviço de Inteligência, ficaram as análises sobre o Inimigo Interno, e a atuação e tentativa de atuação das Organizações Subversivas nos Campos do Poder. Em todos os campos: Político, Econômico, Psicossocial e Militar, foram enumeradas as atividades recentes e atuais do "inimigo", e as suas possibilidades, a médio e a curto prazo, nas áreas Sindical e Estudantil, e junto ao "clero progressista". O Meio Rural também levava a prognosticar recrudescimento de agitações. O chefe da Inteligência abordou, também, o comportamento da Imprensa, que vinha omitindo fatos e manipulando outros a seu bel-prazer, conforme o seu matiz "vermelho", de maior ou menor intensidade, segundo ele.

Após o intervalo do já tradicional "BASC" (biscoito, água, suco e café), dominado por comentários, apreensões e preocupações com o futuro da Pátria, o ministro, ele mesmo, dá conhecimento aos presentes daquilo que, àquelas alturas, se poderia chamar de "bomba": a mensagem do presidente. Antes, entretanto, falou minuciosa e detalhadamente sobre o momento mundial, logicamente enfatizando a atuação do MCI (Movimento Comunista Internacional), o expansionismo soviético, a posse e ameaça de posse de regiões estratégicas. Fez uma análise da Política de Contenção, perpetrada pelos EEUU para contenção do avanço comunista na Ásia e também na Europa. Alertou sobre o perigo do "efeito dominó" no Sudeste Asiático.

O ministro reiterou, também, a cantilena da bipolarização do mundo, da nossa opção pelo "Mundo Livre" capitaneado por Washington, e sobre "nossa responsabilidade a respeito".

De maneira resumida, mas nem por isso deixando de mencionar algum dos tópicos abordados pelo presidente, o ministro considerou ter amaciado o terreno, ter preparado as mentes para o impacto das informações seguintes. Lembrou aos seus companheiros que as pequenas Potências, que ainda estão procurando conquistar a capacidade de "não permitir que a vontade alheia lhes seja imposta", ou seja, serem detentoras do Poder Defensivo, grupo em que se encontra o seu país, precisam por vezes engolir em seco, e *aceitar imposições momentâneas partidas de quem detém o Poder Ofensivo, isto é, a capacidade de "convencer", de constranger outras nações a acatarem suas vontades, sob pena de retaliações* econômicas, e até militares, deixando de importar produtos, impedindo que outras nações importem esses produtos e, o que seria pior, sob pena também de retaliações, impedir que exportem algum produto essencial para a vida da "renitente"; no nosso caso, o petróleo.

Preparado o terreno, chega a hora de armar baioneta e partir para o ataque. As recomendações da Casa Branca ao governo são transmitidas ao auditório. De igual modo, são-lhes repassadas as palavras do presidente sobre *momentâneas adaptações táticas em razão da evolução do combate, bem como recomendações outras, já abordadas naquela tarde.*

A notícia como que leva a nocaute os presentes. O ministro contém os ânimos exaltados!

— Mas como? Isso é hora de perdão? Isso é hora de distensão? De passar um apagador na lousa como se nada tivesse ocorrido? E a nossa Soberania?

A estupefação foi geral. O ministro, mais condescendente com seus comandados que o Chefe Supremo, naquele café da manhã de "D-9", concedeu a cada um dos Altos Chefes, conforme suas posições heráquicas, um tempo para seus desabafos e opiniões. Ouvia-os calmamente, receptivo às suas ponderações, sem se mostrar impaciente.

— E o que falar à caserna? E o que falar a essa juventude que deposita em nós tanta confiança? E o que falar à jovem oficialidade?

— Será o retorno da bagunça, da anarquia! Um prato feito para as esquerdas, um estímulo às conturbações internas urbanas e rurais! Um estímulo à luta armada.

— Com seus crimes relevados, voltarão ao país, ocuparão postos-chave, subirão às tribunas, assumirão governos estaduais, municipais e até mais que isso!

— Será a intranquilidade das greves pipocando por todos os lados! A greve pela greve!

E as ponderações se seguiram. Todos mantinham um parecer comum, uma certeza: com eleições via Congresso, o "homem" será imbatível. Se forem diretas, então, nem é preciso falar... E isso, não! Nunca! Será o cúmulo, a negação de tudo que se fez!

Enquanto essa figura existir, usará o seu carisma para enganar o povo! E o povo não pensará duas vezes diante de sua demagogia e de seus apelos populistas! E daí, tudo estará perdido! "Tio Sam" nada sabe sobre nós! Nem sobre Octacílio Calcabrini! Nem mesmo Warren Simpson tem ideia crítica a respeito.

7.

OCTACÍLIO CALCABRINI, O HOMEM

Ao longo de sua carreira política, Octacílio Calcabrini criou a imagem de um homem cativante, de sorriso fácil e contagiante, paciente, matreiro. Ele sabe, como nenhum outro, precisar o momento de avançar, de recuar, de dar o bote e, o que é mais importante, de esquivar-se de um bote. Está sempre consciente de como é importante a arte de esperar. Conhece bem o valor do exercício e aplicação da grande virtude chamada indulgência, por vezes conhecida e confundida como puro ato de demagogia.

De seu período de governo, ficaram-lhe as marcas de empreendedor, de homem dinâmico e obstinado. Esse período marcou, também, o êxodo rural, o endividamento externo para financiar grandes projetos, do que se beneficiaram os corruptos. É bem verdade que fez despertar o seu país para o "arranco", o que empolgou adeptos e até desafetos, e o que contrariou Washington, a quem não agradam progressos e independências econômicas de outras nações. Vazios de ecúmeno foram-se povoando e sendo ocupados por nacionais e por imigrantes, a cavaleiro de estradas rasgadas no interior e ao longo de caminhos dantes só trilhados por aventureiros e missionários em busca de riquezas, ou de almas que pisam chão com riquezas.

Ele incentivou a expansão do parque industrial, o que liberou o país da importação dos bens de consumo. Navios fizeram-se ao mar, partindo de estaleiros nacionais. Novas hidrelétricas e termelétricas atendem à demanda de energia para a indústria efervescente.

Durante seu governo, a euforia geral e o entusiasmo do povo sufocam as vozes e os gritos de alerta dos que se desesperam com o descontrole de gastos, com o endividamento do Estado, com a corrupção, e profetizam um desfecho catastrófico, com irreparáveis sequelas. Enfim, Octacílio Calcabrini é líder nacional, e tem marcado em sua personalidade o estigma de carismático. Para muitos, de populista, demagogo, irresponsável e corrupto. O povo o chama de "OC", e também de "ocê", corruptela de você. Correm, no vozeiro popular, as expressões: "eu vou votar em ocê"; "eu só voto se ocê for candidato". E mais, "eu estou com ocê", "eu fico com ocê"...

"Ocê" está na voz das ruas, nas consciências, nas brincadeiras, e poderá se fazer presente em todas as urnas. O certo é que Octacílio sabe como ser simples para os simples; ser nobre para os nobres; aristocrata para a aristocracia envolvente, pegajosa e ávida por posições e prestígios. Esmera-se em atitudes e gostos simples, tão ao gosto dos mais simples, porém, sem perder a finesse, tão ao gosto dos que não são simples. Seu charme e elegância fazem bem aos elitizados, sabendo-o à altura dos mais finos e requintados salões do mundo. E isso também torna felizes e cheios de orgulho os que nunca foram e jamais serão elites, e que jamais entrarão num salão requintado.

8.

DIA "D": RETORNO AO PALÁCIO

Manhã do Dia "D". Em nada, ou quase nada, essa manhã se difere daquela manhã de "D-9", daquele café com o presidente, senão na presença, agora, dos chefes de Inteligência de cada uma das Forças, acompanhando os seus ministros.

O presidente ouviu de cada um dos quatro ministros, a começar pelo ministro da Justiça, um relato sobre a repercussão dos fatos em suas respectivas áreas.

Realmente, tudo muito preocupante. Mas, como não era de se estranhar, a decisão já fora tomada. O Chefe Supremo a considerava conveniente ao país e ao Movimento Restaurador. Nada impedia uma discordância, mas qualquer discordância teria um significado já sabido para o pretenso discordante: deixar o posto que ocupava e deixar o serviço ativo, em qualquer atividade que exercesse...

Para o presidente, toda opinião seria válida, desde que coincidisse ou se identificasse com a sua. Assim o foi sempre, ao longo de sua vida, dizem os seus íntimos.

Antes de comunicar sua Decisão e de emitir suas Diretrizes a respeito, o presidente sinaliza ao chefe nacional da Inteligência para que tome lugar junto ao púlpito. Ele vai apresentar um relatório, já lido e aprovado por Sua Excelência, sobre assuntos julgados por ele necessários e pertinentes.

Com voz gutural e semblante carregado, o que ficou muito bem ao momento, após levantar-se de sua cadeira como que levando um susto, o que também ficou muito bem ao momento, o chefe da

O HOMEM QUE INCOMODAVA

Inteligência passou a abordar alguns temas abrangentes, mais ligados à Geopolítica e às suas doutrinas e teorias. Apresentou, também, cenários alternativos, fruto de estudo prospectivo sobre a conjuntura mundial e sobre o momento nacional. Um estudo maravilhoso, tangenciando o Nirvana, mas que em nada mudaria as mentes obstinadas presentes, muito menos as outras mais, ao longo de todo o território nacional. Nem daria novos rumos às suas convicções.

O palestrante do momento abordou, com sapiência que não lhe era costumeira, a "Doutrina do Poder Terrestre" de Mackinder, e como essa doutrina encontrara guarida na mente de Hitler e encontrara eco nas suas aspirações e anseios de expansão territorial do poder germânico. E, ainda mais: essas mesmas aspirações fervilhavam nas cabeças do Kremlin, desde Stalin, também inspiradas no pensamento de Mackinder. Daí o espírito expansionista soviético. Todos os presentes concordaram. O assunto abordado não causava nenhuma surpresa. Era familiar a todos.

O chefe da Inteligência apresentou um outro aspecto, envolvendo tão empolgante tema, e que também se inspirava numa Doutrina da Geopolítica. Procurou mostrar que os EEUU estavam superatentos às ações soviéticas no mundo. Com voz bastante firme, e com um ligeiro tremular do tipo emoção, afirmou que, "a tempo, e sabiamente", eles adotaram a "política da Contenção" preconizada por Spykman, em sua Teoria das Fímbrias! Eles, os EEUU, firmaram alianças com países situados nos espaços periféricos à União Soviética e à China, e ali estabeleceram bases militares, com vistas à segurança de todos nós, do Mundo Livre! (nesse momento, apagam-se as luzes e, como num resplendor, aparece, numa tela à frente, uma retroprojeção com o mapa-múndi, tendo assinalados em vermelho os territórios da União Soviética, da China Comunista, de Cuba, de países europeus já comunizados, de países da África e da Ásia em estado de ebulição e sob forte influência soviética, inclusive assistidos por técnicos russos. Em vermelho-claro, regiões estratégicas e países outros na mira soviética, em estado de convulsão interna ou de guerra

47

insurrecional). Essa projeção na tela traz o título "As Fímbrias da Contenção e o Avanço Comunista".

Com essa interessante e já muito conhecida projeção, e mais algumas abordagens sobre a OTAN (Organização do Tratado do Atlântico Norte) e a presença americana na Europa e Ásia, o palestrante ressalta a tranquilidade que todos podem "desfrutar" em relação a algum pretenso avanço militar soviético.

Apesar da relativa segurança e, pela sua posição, de ser o país protegido pela Geopolítica no que diz respeito ao "avanço vermelho", procurou o encarregado da exposição alertar ao seleto e restrito auditório sobre os inconvenientes de uma total negativa do governo ou mesmo insensibilidade sua quanto às recomendações de Washington.

Com indisfarçada *mise en scène*, ele fez por revestir aqueles momentos de um espírito altamente preocupante e de não pequeno temor. Apontou para uma outra transparência repentinamente projetada na tela, em que se lia:

1. *Boicote de fornecimento de petróleo ao país.*

2. *Pressões sobre o BID e sobre banqueiros internacionais, restringindo empréstimos ao país.*

3. *Restrições no acesso ao FMI.*

4. *Sobretaxa às importações de produtos nacionais.*

5. *Restrições no fornecimento de alimentos aos produtores de petróleo, caso comercializem com o país renitente.*

Senhores! O que vemos à nossa frente é, no mínimo, preocupante. Em uma palavra: esses cincos itens dizem respeito a uma só ação contra nosso país: re-ta-li-a-ção. É isso mesmo: retaliação implacável. E prosseguiu: o petróleo é arma da OPEP, bem sabemos. Mas é também arma para uso indireto dos EEUU. Podemos e poderemos sofrer represálias que nos tornarão, logo de inicio, vítimas de um embargo ao fornecimento de petróleo. E quem detém o "poder econômico" no mundo, e também é dono de um soberbo "poder ofensivo", dispõe de armas para tal ação, a começar pela restrição ao fornecimento e venda de grãos aos donos das jazidas, caso vendam o óleo a quem Tio Sam não queira! (No auditório, expressões carregadas, punhos cerrados, revolta cívica.)

Podem pressionar o BID! Podem pressionar os banqueiros internacionais, tudo em nosso prejuízo. Eles têm poder para isso. E mais: obstruir nosso acesso ao FMI! E quanto a sobretaxar a importação de nossos produtos? As consequências são bastante previsíveis, bem o sabemos, e o alcance de grande profundidade: desemprego, empobrecimento e até convulsão social!

Silêncio geral. Algumas poucas manifestações de ira, bem notadas nas expressões faciais, nas pequenas batidas de punho cerrado sobre a mesa, no fungar de narinas.

Nesse instante, o presidente se levanta e assume o púlpito. Retira os óculos. Coloca outros. Olha para o papel que tem em suas mãos. Recoloca os óculos anteriormente retirados. Torna a olhar para o intrigante papel, onde estão suas Diretrizes, em que se observam algumas correções à caneta vermelha.

Ela diz: o Governo (o que melhor seria dizer: "eu"), diante da situação existente e do que temos visto nesses dias, estabeleceu como diretrizes:

1. *Manter as eleições através do foro indireto, isto é, via Parlamento (Parlamentares são eleitos pelo povo, e, portanto, suas manifestações expressam a vontade dos eleitores).*

2. *Manter o calendário eleitoral: as eleições para Presidência da República não serão antecipadas.*

3. *Proceder a uma revisão criteriosa das inelegibilidades.*

4. *Proceder a uma revisão de algumas cassações de mandatos políticos.*

5. *Considerar que "inspeções externas" para averiguação da conduta governamental não teriam outro significado senão o de ingerência em assuntos internos, interpretadas pela Nação como agravo à nossa Soberania. Portanto, inadmissíveis e inaceitáveis.*

Na pequena plateia, apoio total e irrestrito quanto ao primeiro, segundo e quinto itens. Visível constrangimento quanto aos outros dois. Para bem dizer, rever cassações e inelegibilidades representa capitulação, frustração, porta aberta às ações do MCI (Movimento Comunista Internacional), retorno ao estado de anarquia que precedeu a eclosão do Movimento Restaurador.

Repito o que já disse anteriormente: promoveremos mudanças e adaptações em alguns setores de nossa vida. Serão condutas táticas em razão da evolução dos acontecimentos, da evolução do combate. Contenham os exaltados, os impulsivos, os arrojados. Lembrem-se: "não se fazem revoluções sem os exaltados, mas não se governa com eles. Líderes exaltados e líderes em potencial devem ser vigiados. Contidos e acalmados, se necessário. Não os percam de vista, acompanhem seus passos. Sejam retirados de postos-chave. Sejam colocados em funções burocráticas, e junto a chefes que os vigiem".

Logo, uma complementação seguiu-se à esperada Diretriz Presidencial. Medidas políticas de grande alcance, a serem tomadas de imediato, concederiam ao Movimento Restaurador os instrumentos necessários ao seu prosseguimento em segurança, conforme os interesses e os objetivos traçados. A decisão de desmembramento de regiões diferenciadas (e com características próprias) dos Estados Federais a que estão ligadas e consequente criação de novos Estados concederão ao governo a maioria de que necessita no Parlamento, incorporando votos dos representantes dos Estados criados!

Sem dúvida, não haverá mais riscos, absolutamente nenhum, de uma vitória não desejada numa eleição via Parlamento!

Entusiasmo geral! Até mesmo um certo envaidecimento por serem eles subordinados de um chefe tão arguto, astuto e tão inteligente!

— Ele tem sempre uma carta guardada, sempre tem alguma coisa no bolso do colete!

— Eu não disse? Eu não disse? Arrematou outro ministro.

O HOMEM QUE INCOMODAVA

Um cálculo talvez equivocado. Uma semeadura de ressentimentos, de colheita não desejada e muito próxima. Nenhum absolutismo, por mais robustecido e "absoluto" que seja, galgará o patamar da infalibilidade e da onisciência a que se promoveu e em que se colocou o presidente.

Diante da situação, pode-se dizer que "aquele homem", o Octacílio Calcabrini, nunca incomodou tanto as lideranças como agora, e como daqui para a frente. Sua fala, sua imagem, seus conchavos enfim, incomodarão mais ainda. Sua vida incomoda, e muito...

Mas um líder morto causa bem mais desconforto e incômodo do que um líder vivo. Se em plena atividade, seus argumentos e palavras, demagógicas ou não, estarão expostos à censura e à contra-argumentação, e até sujeitos ao ridículo a que o pode conduzir uma boa contrapropaganda. Sua vida, seu passado político e suas intimidades serão constantemente vasculhados, repassados e até vilipendiados. Em vida, não haverá constrangimento para se levantar calúnias de difícil contestação. Mas ninguém calunia um morto, é certo. É mais do que certo. A morte de um homem que incomoda é bem pior do que a sua vida. Suas cinzas falarão mais alto do que sua voz nas tribunas!

Na verdade, esses belos e bem colocados argumentos, concebidos à luz da razão, não encontrariam eco em alguns ouvidos obstinados, e nem guarida em seus corações e mentes já decididos.

Desconfia-se da calma existente. Do conformismo aparente. Os mais vividos e experientes sentem que tem alguma coisa no ar.

9.

ALGUMA COISA NO AR!

Em Santo Isidoro, o coronel Alcebíades, pensativo e cabreiro, circula à frente de seu chefe. Suas passadas curtas e lentas, ritmadas por uma batida firme de calcanhares no assoalho de sinteco, causam um não pequeno desconforto ao ambiente, semelhante ao incômodo de goteiras em teto de zinco. Por vezes, e até de maneira cíclica, Alcebíades se permite uma pequena parada. Ele divaga, olha distante e, de tão distraído, prepara o isqueiro para acender um cigarro preso à piteira, mas que já está aceso. Numa dessas pausas na irritante caminhada em círculo, choca os calcanhares numa batida forte e seca. Se as pancadas firmes no chão de sinteco falavam de uma angústia íntima e de alguma ansiedade, esse forte chocar de calcanhares denuncia uma grande necessidade de se abrir com alguém responsável e amigo, de trazer à tona o que lhe vem recalcando e reprimindo a mente, não menos responsável e disciplinada.

Já acostumado com as expressões, com as atitudes, as palavras e os silêncios de Alcebíades, o seu chefe, general Prado Perez, procurou não dar importância ao momento; procurou evitar demonstrações de que seu velho e fiel amigo começava a atingi-lo, como que por osmose.

— Tudo bem, Alcebíades?

— Tudo bem... É. Tudo bem.

O coronel Alcebíades respondeu e olhou para cima, flutuando em divagações. Mais três passadas firmes, secas e lentas em direção ao grande vitreaux, um interessante trabalho artesanal reproduzindo um motivo histórico muito conhecido, e que desperta orgulho em todo nacional que o contempla. Fixa o olhar em nada, como se a admirar essa vidraça colorida, como se nunca fora vista por ele. Acontece, porém, que nenhuma novidade havia naquele janelão a cores, já sobejamente conhecido. Nada que, de súbito, pudesse despertar a atenção de Alcebíades e justificar o seu olhar firme em algum ponto. Desde a construção do grande edifício, o vitral reproduz aquela cena histórica...

O coronel Alcebíades retira novamente um cigarro do maço. Desatento, prepara-se para recarregar a piteira. Recoloca o cigarro no maço, exercitando sua força de vontade para largar o "maldito cigarro". Há uns meses, ele vinha cumprindo os requisitos a que se propôs na difícil arte de deixar de fumar e de se livrar do vício. O exercício compunha-se de quatro tempos distintos. Assim, no "tempo um", tirar o maço do bolso. No "tempo dois", tirar um cigarro e introduzi-lo na piteira. "Tempo três", fazer a operação ao inverso. E, finalmente, levar à boca uma bala de hortelã. Quanta força de vontade! Quanta renúncia, falava Alcebíades para si mesmo.

O chefe, envolvido pelos papéis, por assinaturas e por análises de documentos que entulham a sua mesa, olha Alcebíades de esguelha, preocupando-se com sua inquietação.

— Fale, companheiro. Sente-se aqui um instante e deixe a língua falar do que vai na mente... e no coração também. É um amigo a ouvir outro amigo. Você sabe disso.

Uns segundos de silêncio caíram bem à emoção que o momento inspirava. O chefe leva a mão à parede junto à mesa, e aperta o sinal de "não entre". Uma luz vermelha se acende na antessala, na verga da porta, anunciando que a entrada está proibida, até ordem em contrário, o que foi devidamente registrado por seu ajudante de ordens, e também pelo ordenança, que sorriu de felicidade, antevendo um bom período de bonança e de sossego.

O coronel Alcebíades aproxima-se de seu amigo e chefe, e fala como em confidência: "Já é o terceiro informe que recebemos. Isso preocupa. Tem alguma coisa no ar... Eu sinto cheiro de problema. E problema sério".

O general encara seu amigo, o velho Alcebíades, terceiro filho de Seu Bruno Schiafini. Filho do plantador e beneficiador de arroz... Também de café; depois, criador de gado. Por muito tempo, o único dono de beneficiamento na região que viu Alcebíades nascer e crescer. Ele e mais cinco irmãos.

Seu Bruno trabalhou duro por muitos anos, desde que chegou de Palermo para tentar aqui uma vida nova, menos sacrificada. Trazia consigo Dona Arcângela, sua esposa, Rita Assumpta, a filha mais velha, Paschoal, o primeiro filho homem, pouco dinheiro e muita vontade de vencer. Seu Bruno também sonhava em formar os filhos. No mínimo, um doutor médico. E um militar! Ah, como ele queria isso! E Alcebíades realizou o sonho do velho. Já cansado, mas não sabendo como parar de trabalhar, o velho "carcamano" hoje é um cultivador de orquídeas e de samambaias. Ele e a mama, Dona Arcanja, como ficou sendo chamada pelos amigos e conhecidos.

O general Prado Perez, desde os dias de estudante da Escola Militar, frequentava a residência de Seu Bruno e Dona Arcanja, onde foi sempre muito querido e muito bem recebido. Todos o consideravam da família. Por seu turno, Prado Perez emocionava-se muito com aquele carinho e zelo de todo bom siciliano, e via nos amigos uma extensão de sua própria família. Daí o carinho e cuidado especial com seu companheiro e velho amigo Alcebíades, "seu irmão", amizade que a vida em caserna ajudou a solidificar.

Ele encara seu amigo. Bate-lhe duas vezes no ombro direito. Mostra-se, entretanto, discordante quanto às suspeitas do companheiro, agora também "subordinado" em razão de seu acesso ao generalato. Mas se deixa trair por seu visível olhar de inquietação, lamentando-se por vislumbrar alguma veracidade nas dúvidas e preocupações do experiente coronel. Volta-se para Alcebíades e diz com uma pretensa firmeza: "Não tem nada no ar. Foram apenas informes, e todos 'F-6'! Nada mais que isso. Outras agências já

O HOMEM QUE INCOMODAVA

trabalharam em cima do caso, já processaram os informes, mas ninguém pode chegar a uma Informação, nem melhoraram a classificação do Informe. A classificação continua 'F-6'! É isso o que se sabe.

Veja bem", continuou Prado Perez. "Surge um boato que corre rapidamente... Por onde passa, deixa um rastro de dúvida, como que revolvendo águas turvas, você bem sabe. E boato tem cheiro de novidade, desperta imaginações... No final, vamos ver que a fonte é uma só: um boateiro irresponsável.

Meu caro amigo: virão outros 'F-6' por aí, e falando a mesma coisa. Não coloque minhoca na cabeça! Vou repetir o que seu próprio pai nos diz sempre, naquele jeito siciliano: *num podemo impidi que uno passarinho porze em nostra cabeça, num podemo; ma podemo impidi qüele faça ninho, isso podemo, é vero*".

Sorriu e encarou o coronel. Mais uma risadinha sem graça, e um tapinha no ombro de seu amigo.

Todo esse palavreado não convenceu Alcebíades. Ele também não sentia convicção em seu velho amigo Prado Perez, agora "superior hierárquico". O tom de voz e o olhar de Prado Perez negavam o que afirmavam os lábios. Afinal, eram velhos e inseparáveis amigos. E o conhecer entre amigos é estrada de mão dupla. O coronel Alcebíades previa que estava para ocorrer uma ação contra o homem que incomodava o Sistema. Um atentado, talvez. Um sequestro, um sumiço, partindo de inconformados e exaltados.

Ele pensa e fala de si para si mesmo: um informe não pode ser desprezado, isso é doutrina. Ainda que seja um simples "F-6": idoneidade da fonte, não comprovada; e veracidade não confirmada.

Encasquetado e persistente, Alcebíades continua movendo as pedras de seu tabuleiro particular. Mídia, boatos, insatisfações, inconformismos iam-se ajustando como camadas de rocha.

* * *

Manhã bem cedo. O coronel Alcebíades entra no gabinete do amigo Prado Perez, melhor dizendo: do general. Recebe do chefe, de imediato, um ultimátum, tratando-o paternalmente: "Filho, estive pensando com calma, e concluí que você precisa de um descanso, e urgente. Você entra em férias a partir de amanhã. Ou melhor, desde já".

Alcebíades sorri com uma certa ironia. Férias e descanso, palavras que estão apagadas de seu dicionário há muitos anos. Um acontecimento daqui, uma probabilidade de acontecimento dali, uma necessidade de serviço de lá vinham servindo de motivos para empurrar suas férias e seus descansos. Mas, agora, não havia como rolar nem enrolar. O conselho veio em forma de ordem: entra em férias desde já...

Pensando bem, um dia de repouso, de afastamento de tudo, de quebra de rotina lhe faria muito bem, concordou Alcebíades, mas não deu mostra de seu assentimento.

— Companheiro, até breve! Vá descasar, e não me apareça aqui nesses trinta dias, disse-lhe duramente o chefe, mas de maneira indulgente. E prosseguiu: sempre existirão os inconformados, e isso em todo lugar. Lembre-se que nossos chefes estão atentos como sempre, e sabem o que estão fazendo. O importante é estarmos... "todos firmes e coesos em torno do chefe", arrematou Alcebíades, cansado desse velho e sempre repetido chavão. Cansado dessa cantilena milenar.

* * *

Uma estrada pavimentada, mas de mão dupla, deixa a imponente Rodovia 36, e conduz os bem-aventurados que por ela circulam a um aprazível circuito de águas, uma região de descanso, de ar puríssimo, vegetação exuberante, pequenas e acolhedoras cidades, e invejáveis casas de campo. Um povo tranquilo e amigo, mas reservado como as gentes das montanhas, dá o toque especial e magnificamente indescritível a essa região de vida bucólica e tranquila.

O HOMEM QUE INCOMODAVA

Serpenteando vales, montanhas e grotões, Alcebíades e Dona Gema chegam ao aconchegante sítio próximo ao asfalto, seu descanso compulsório por alguns dias. Ele pensa em não tomar conhecimento das notícias, e até mesmo em evitar qualquer contato com a cidade mais próxima, para não ceder à tentação de comprar jornais ou revistas. É sua intenção não assistir aos noticiários de TV que antecedem e sucedem as telenovelas, sagradas para sua mulher e também para ele. Afinal, por que ouvir notícias?

Para que se preocupar com um problema ainda em hibernação, se não lhe cabem providências ou soluções? Quem se preocuparia ou se interessaria em confirmar suspeitas, apenas fruto de experiências vividas, e acalentadas por imaginações? É apenas intuição, nada mais. Intuições não contam. Pouco ou nada valem para o Serviço de Inteligência. Não dão respaldo para uma Busca de Informes, ainda que elementar. E sequer poderiam receber uma classificação quanto à idoneidade da fonte ou quanto à veracidade do assunto. Mas intuições pesam um pouco nas decisões dos táticos e dos estrategistas, concluiu balbuciando Alcebíades.

Em seu mundo particular, ele está cabreiro.

Tem, sim, alguma coisa no ar; mas de que se trata?

10.

DE QUE SE TRATA?

Até agora, eles estão concordes em tudo. "Doutor Lúcio" e "Doutor Peixoto" concordaram que alguma ação imediata, independente e decisiva tem que ser feita. Entendem que a passividade será uma negação, uma renúncia a tudo que aprenderam na sua formação moral e intelectual. É como que negar todos os valores que assumiram, e que solidamente forjaram seu caráter e sua convicção ideológica. E sabem que não estão sozinhos. Que, se de um lado a disciplina consciente e a hierarquia quase que lhes impõem o silêncio, de outro lado, o compromisso com a Pátria, que haverão de legar a seus filhos, impõe-lhes uma atitude firme e decisiva em favor de todos, até mesmo dos que se silenciam. Em seu modo exaltado de encarar as coisas, julgam o silêncio como uma atitude covarde e até uma atitude de conivência. Alguém terá que barrar o rumo da História, ponderam envaidecidos. E, se assim é, eles assumem o risco e pagam o preço, seja ele qual for.

Num encontro rotineiro, Lúcio e Peixoto tornam ainda mais sólidos o apego e a amizade que os unem desde os bancos da escola de formação. Estão convictos quanto à atitude a tomar, e obstinados em sua realização. Também estão conscientes de que não se encontram sós, e que a urgência impõe uma ação rápida, enquanto fervilha em milhares de consciências o inconformismo com a passividade dos chefes diante de problemas de tamanha envergadura e importância. Julgam tratar-se de comodismo e até de irresponsabilidade com o futuro da Pátria. Eles consideram que "o homem", Octacílio Calcabrini, incomoda a todos. E que é pernicioso ao Sistema, não por suas palavras, mas por sua existência, que compromete a estabilidade da nova ordem e até pode abalar os propósitos do Movimento Restaurador. Eliminá-lo, talvez um problema. Deixá-lo atuante, uma tragédia para o país.

"Dr. Peixoto" traz bem vivas em sua mente as palavras bastante sérias de um superior seu, homem de pulso, de decisão, esclarecido. Palavras repetidas com ênfase e tocante emoção, nos dias que precederam a eclosão do Movimento Restaurador. Dizia o chefe: "Se eu ficar inerte e indeciso, estarei conivente com essa anarquia. E o que meu filho, no futuro, dirá de mim? Meu pai teve condições de se rebelar e de lutar contra esses canalhas, mas se acovardou, foi omisso e irresponsável".

Agora, passados alguns anos, ele, Peixoto, também tem em suas mãos alguma condição para se insurgir, para fazer alguma coisa que impeça o retorno da anarquia ao país. E tem também um filho para dizer: meu pai se acovardou, foi omisso e irresponsável... E "o homem" é uma porta aberta para essa calamidade. Jamais decepcionaria meu filho, sentenciou Peixoto!

Seu amigo e companheiro, "Dr. Lúcio", em tudo ombreia e compactua com ele. Juntos, poderão somar forças e agir em nome de todos os que compartilham de seus sentimentos, que partilham de suas convicções.

"Dr. Lúcio" e "Dr. Peixoto", codinomes com que se identificam os dois companheiros na fechada comunidade do Serviço de Inteligência, levantaram à uma, e com ironia, a velha pergunta que caracteriza todo início de um estudo, no bom estilo "cartesiano": de que se trata?

À pergunta metodológica, segue-se a resposta dura, fria, talvez trágica, mas necessária:

"A fim de impedir que o Movimento Restaurador seja abalado em sua continuidade e prejudicado na conquista e manutenção dos objetivos estabelecidos, eliminar, no mais curto prazo, a figura de Octacílio Calcabrini".

— Está certo. É isso mesmo. **"Os fins justificam os meios** empregados". Não é esse o lema **deles**?

Uma vez definida a missão, Lúcio e Peixoto começam a pensar nas diretrizes que nortearão o seu cumprimento, e nos detalhes das ações:

1. *Sigilo total.*

2. *Manter a rotina das atividades e dos encontros de serviço entre os dois.*

3. *Manter a rotina de seus contatos telefônicos.*

4. *Nunca escrever. Nada escrever. Guardar tudo na memória.*

5. *Rapidez nas ações.*

6. *Compartimentar o conhecimento das atividades preparatórias e, se for necessário, valer-se de outros companheiros do sistema.*

7. *Conhecimento global das ações restrito aos dois.*

8. *Valer-se ao máximo das informações de rotina obtidas pelo Sistema.*

Dr. Peixoto propôs que as ações obedecessem às seis perguntas clássicas, conhecidas por todos, e que há décadas, para não se dizer séculos, vêm norteando o "estudo de situação", quer dos grandes escalões, quer da pequena fração de combate:

1. Quem?

2. O quê?

3. Quando?

4. Onde?

5. Como?

6. Para quê?

Para três delas, as respóstas estavam prontas. Eram, inclusive, o motivo de seu encontro e a motivação de suas vidas, desde a decisão do presidente, naquelas tétricas reuniões de "D-9" e de "D". A resposta para o "Quem" é mais do que óbvia: são eles dois, Lúcio e Peixoto, os agentes das ações. Quanto ao "O que fazer", não há em que pensar: eliminar Octacílio Calcabrini, o

O HOMEM QUE INCOMODAVA

homem que incomoda. Há respostas também para a pergunta "Para quê". Está contida na obstinação dos dois quanto ao futuro do Movimento Restaurador, quanto à ameaça do "perigo vermelho", caso "o homem" volte ao Poder.

Não há, no momento, como responder às perguntas: "Onde?", "Como?" e "Quando fazer?". Elas serão motivo de muita reflexão e análise no jantar de rotina em Santo Isidoro, na casa de Lúcio; por sinal, nos próximos dias. Já vinham sendo costumeiros esses jantares de família em suas casas, conforme as reuniões de serviço se realizassem em Santo Isidoro ou em Monte Azul.

Eles traçaram o primeiro rumo. Em três dias retomariam o encontro e estabeleceriam estratégias. A partir daí a prudência passaria a impor contatos raros, somente os necessários.

Lúcio pode contar com auxiliares da mais extrema confiança e de incontestável fidelidade. Homens de cega obediência e capazes de tudo, inclusive de guardar segredos e de manter sigilos. Ali, em Santo Isidoro, em todos esses anos, eles jamais perguntaram o para quê ou o porquê de alguma das muitas missões que realizaram em serviço. E, em Monte Azul, não é diferente. Peixoto chefia um grupo também coeso. São homens de obediência cega, capazes dos maiores sacrifícios em favor da missão.

Mas não será nenhum sacrifício um jantar dos dois em Santo Isidoro, de preferência na casa de Lúcio. E ainda mais quando poderá acontecer um espaguete à Dona Carmem.

11.

ESPAGUETE À DONA CARMEM

Não há segredos nesse prato simples e delicioso, como não existem em outros mais, em qualquer das gastronomias do mundo. Existem, no entanto, uns pequenos mistérios, que vão desde a tradição e costumes de família até a intuição de quem os prepara, fruto de observações, de experiências, de erros e acertos no aprendizado, explicou Dona Rosa, esposa de Lúcio.

Veja bem, prosseguiu ela. O senhor pode reunir todos os ingredientes e temperos de um prato qualquer. Depois, seguir a receita. Mas isso não é suficiente; falta a experiência; a prática é tudo, ou quase tudo. A cebola, por exemplo. Ela tem sete fases distintas de fritura antes de queimar. O importante é saber distinguir cada uma das fases, e saber qual delas é a mais adequada para aquele prato. E isso se aprende apanhando, tendo coragem de errar. É o cheiro, é o faro que nos faz distinguir as fases e saber fazer o certo, e na hora certa, arrematou a sábia senhora.

Os dois amigos se entreolharam. Peixoto como que engoliu em seco. Lúcio baixou a cabeça, teve o semblante carregado, mas soube disfarçar. Parecia que Dona Rosa estava inserida na missão. Que, além da intuição sobre o tempero certo, sobre a fase certa de fritura da cebola, ela também era detentora de um conhecimento global das coisas, fruto do empirismo, que se poderia aplicar em qualquer situação, desde o esmero no preparo de um prato até a preparação e execução de uma ação de risco.

Dona Rosa ainda falou mais um pouco: o importante é o quando fazer. É ver e sentir o momento certo para fazer o que é certo. Os dois novamente se entreolharam, ao ouvirem o "quando fazer", e a sentença "o momento certo".

Doutor Peixoto arriscou falar alguma coisa, querendo agradar. Ele disse: este espaguete, por exemplo. A massa é uma só em qualquer lugar, com pequena variação na qualidade. Mas é completamente diferente dos demais e de tudo que comi. Existe um segredo, alguma coisa que o faz parecer com o néctar dos deuses no Olimpo!

— Espaguete "à Dona Carmem"! É esse o nome que demos aqui em casa, disse Dr. Lúcio, com certa vaidade. E é mesmo esse o nome. Ele mesmo o batizou com tal nome, num jantar cheio de compreensão e até de amor em família, numa homenagem à sua sogra.

Dona Rosa envaideceu-se. Agradeceu, também, enquanto pisava o pé direito do marido, como a dizer: você nunca tem uma palavra de elogio para as coisas que eu faço. Ela se propôs a dar a receita do molho e explicar os macetes, para que Dr. Peixoto a levasse à sua esposa, Dona Helena Maria. Embora falasse "Doutor Peixoto", ela sabia muito bem que se tratava de seu nome falso. Nunca se arriscou a perguntar o nome verdadeiro do amigo de seu marido. Afinal, isso não fazia a menor diferença para ela.

— Obrigado pelo banquete, senhora, disse Peixoto. Dona Rosa encabulou-se mais uma vez. Ficou feliz e envaidecida com o elogio, e admirada com o cavalherismo e a gentileza do Dr. Peixoto, virtudes a que não é muito dado seu marido, o Lúcio.

Após a sobremesa, pudim de leite, e o café passado na hora, os dois amigos dirigiram-se ao pequeno escritório, um quarto a mais da casa, que se destinaria à empregada. Começaram a traçar o rumo que tomariam a partir daquele momento, o que na verdade significa dar respostas às três perguntas restantes de seu pequeno esboço "cartesiano": quando, onde, e como fazer para darem cabo da missão que se propuseram cumprir.

O "quando fazer" sacudiu seus pensamentos e sentimentos, depois das observações de Dona Rosa sobre as sete fases de fritura da cebola, sobre fazer o certo, e na hora certa. É o cerne do problema. Cabe aos dois a solução, somente aos dois e a mais ninguém. Um assunto de conhecimento restrito aos dois. Nem mesmo aos deuses poderão revelar, ainda que desçam do Olimpo e lhes ofereçam ambrosia e néctar, ou espaguete à Dona Carmem.

Quanto ao "onde", Lúcio e Peixoto partiriam logo para estudar o terreno e escolher o local que melhor atendesse ao que tinham pensado e repensando; um local favorável. Ou melhor: um local favorável e dois alternativos.

12.

UM LOCAL FAVORÁVEL E DOIS ALTERNATIVOS

Ainda embalados pelo espaguete "à Dona Carmem", e remoendo o desconforto e a ansiedade com que a decisão sobre o momento de executar o "plano" lhes afligia a mente, Lúcio e Peixoto puseram-se a pensar no "Onde", no melhor local para "libertarem Octacílio do planeta dos homens". Naquela mesma noite, sem perda de tempo, estudaram e analisaram prós e contras que os diversos locais pensados lhes apresentavam. Levando sempre em conta unir os fatores urgência e oportunidade, decidiram-se pela Rodovia Augusto Jimenes. Tudo o que foi pensado e apreciado os conduziu à decisão por esse importante eixo viário. Agora, é preciso escolher o ponto exato, o lugar que melhores condições ofereça à ação. E isso, é lógico, exigiria deles reconhecimento detalhado e minucioso do terreno.

Anteriormente, levantaram a hipótese da ocorrência de um acidente aéreo. Octacílio Calcabrini bem poderia encontrar-se com o destino num lamentável acidente aéreo. Seria, entretanto, um indesejável sacrifício de vidas inocentes, muito embora a razão de tal tragédia se mostrasse altamente relevante, patriótica e altruísta, comentava Lúcio, com o que concordava Peixoto plenamente, ainda acrescentando: "os fins justificam os meios", é doutrina deles!

Um acidente aéreo ceifaria muitas vidas inocentes. Resultaria numa comoção nacional e até de alcance mundial! Isso viria ao encontro das esquerdas, sequiosas por um morto! E que morto! Seria o mesmo que fortalecê-los, o mesmo que fazer o jogo deles, concluíram.

— Um acidente é um acidente, coisa normal; lamentável, mas normal. Isso é verdade. Mas um atentado dessas proporções, ainda que perfeito no planejamento e na execução, nada deixando de rabo, levaria a suspeitarem de uma ação criminosa. Não há dúvida a respeito. E depois, é preciso não se esquecer da caixa-preta!

Peixoto ouviu atentamente essas palavras de seu amigo Lúcio. Pensou um pouco e arrematou: mas, com o passar dos dias, a opinião pública vai se acostumando com a fatalidade do destino. Após o impacto, vai absorvendo a fatalidade, e até se confundindo, com a diversidade de informações que chegarem ao seu conhecimento. E novas notícias vão chegando, outros assuntos vão ocupando a mídia.

Foi descartada a hipótese do avião. Não por apresentar obstáculos à sua execução, mas pelas consequências, pela possibilidade de o tiro sair pela culatra.

* * *

"O homem" desliza pela Rodovia Augusto Jimenes constantemente. Esse costume dele já está mais do que levantado pela Inteligência. Isso e outros detalhes mais. Ele prefere a viagem terrestre no trajeto Santo Isidoro-Monte Azul, tanto para ir como para voltar. Existem interesses particulares, reservados e emocionais para isso.

Agora, sem perder tempo, é impositivo um reconhecimento detalhado da Rodovia, para a escolha de locais possíveis e os que melhores condições ofereçam para as ações. Ficou acertado que cada um deles faria o seu próprio estudo do terreno, seus reconhecimentos e levantamentos necessários. Em nenhum momento deverão encontrar-se nesse trajeto, senão na data e local já combinados.

O HOMEM QUE INCOMODAVA

Foi por eles elaborada uma pauta minuciosa, a que cada um dará resposta, conforme suas observações no reconhecimento. Deverão considerar as vantagens e desvantagens, em tudo o que pensarem e em tudo que projetarem quanto ao "Onde", quanto ao "Como fazer" e, também, quanto aos auxiliares que escolherem para a missão. Deverão fazer o papel do advogado do diabo, pensando em tudo que possa interferir ou prejudicar a execução do trabalho, não se esquecendo dos imponderáveis de guerra, acontecimentos inesperados ou não considerados, que possam mudar o rumo das coisas, como o inverno que chegou antes na Rússia, fazendo recuar Napoleão e traçando outro rumo para a História. Não há lugar para erros. Não há tempo para ensaios. Não se poderá perder a oportunidade para agir, se um momento vier a se mostrar propício.

Quesitos da pauta de atividades:

1. *Escolha do local para a ocorrência, considerando o sentido Santo Isidoro-Monte Azul.*

2. *Escolha de dois locais alternativos para a ação.*

3. *Reconhecimento da Delegacia de Polícia a se envolver na Ocorrência (proximidade do setor escolhido).*

4. *Hospital de recolhimento de acidentados na região (no caso de algum "insucesso").*

5. *Local e pessoal de recolhimento de veículos acidentados na área.*

6. *Posto da Polícia Rodoviária a cuidar de acidentes no setor.*

Excetuando-se os dois primeiros itens, local do "acidente" e locais alternativos, os demais exigirão trabalhos especializados, e gente com experiência para o levantamento de todo o pessoal que normalmente é envolvido em ocorrências rodoviárias na área a ser escolhida. Isso significará trabalhar muito e com destreza e, se for necessário, realizar atividades de vigilância, reconhecimento, infiltração, penetração e entrada, missões para gente especializada nessas operações. Terão que buscar e obter conhecimento máximo sobre tudo e sobre todos na delegacia, no hospital, no pátio de acidentados e no posto da Polícia Rodoviária, responsável por aquele setor na Rodovia Augusto Jimenes.

13.

A RODOVIA AUGUSTO JIMENES

A Rodovia Augusto Jimenes destaca-se das muitas outras ao longo do território nacional, não tanto por sua exuberância ou por seu arrojo arquitetônico, mas por se constituir no principal elo entre os dois maiores centros populacionais e econômicos do país. Essas duas metrópoles, juntamente com outros grandes e importantes centros e com a capital, formam um extenso polígono, de considerável pujança econômica, tanto industrial como agropastoril, e um respeitável centro cultural.

A rodovia, a partir de Santo Isidoro, como que procura margear o rio do Ouro desde sua nascente, à semelhança da ferrovia e das linhas de telégrafo, dele se desviando muito pouco, distanciando-se bem a partir da descida da serra, em direção ao litoral, para encontrar Monte Azul.

Na verdade, essas duas metrópoles e os eixos que as unem formam não só uma grande região econômica e cultural. Também para lá convergem as principais atenções políticas do país, um fato arraigado na consciência nacional. A região abriga os principais órgãos de imprensa; dali se irradiam as notícias que farão notícias, e os boatos que se multiplicam, e que incomodam, agitam, caluniam e, por tantas vezes, causam danos irreparáveis às muitas de suas vítimas.

Ali, onde também se encontra o Poder Militar, por muitas vezes os tanques nas ruas deixam marcas no asfalto, e também na história nacional. É uma região de inesgotável fonte de informações para o Serviço de Inteligência e para todos os tipos de imprensa.

Assim, para que um político esteja bem e em evidência, e para que possa manter viva sua imagem junto ao público, é necessário que seja sempre notícia nesse eixo efervescente, o próprio comando da vida nacional. É importante que participe de debates, por mais idiotas que sejam os temas; que seja contestado, seja aplaudido ou até mesmo vaiado. O importante é aparecer, é estar presente às inaugurações, sabe-se lá de quê, e, se possível, assistir a eventos esportivos, desde que o público seja compensador. É muito importante para sua imagem que o político apareça sempre, que se mostre, diga que está vivo!

Octacílio Calcabrini é mestre na arte de aparecer, de se mostrar, de ser notícia. Ele sabe como estar em evidência. Como ninguém, ele sabe trabalhar e lapidar sua imagem de vítima, de injustiçado. Tem perfeito conhecimento de que é vital para ele fazer-se presente na região vital do país. Por isso, perambula constantemente por Santo Isidoro e por Monte Azul. Gosta muito de percorrer a Rodovia Augusto Jimenes, de ser notado em seu automóvel, de responder a acenos com sorrisos e com o "V" de vitória. Faz tudo e de tudo para manter acesa sua imagem carismática nas telas da televisão. Milhões de rádios de pilha levam sua voz manhosa e cativante a milhões de ouvidos: ingênuos, uns; interesseiros, outros. Grandes jornais e revistas publicam seus escritos e dão cobertura a seus passos.

Ainda que se procure manter reservado, é sabido que, há algum tempo, vem repousando sua cabeça cansada em um seio amigo, que também oferece calor a seu corpo por vezes combalido. E que muitas vezes encontra esse bálsamo nas margens da Rodovia Augusto Jimenes. É um colo extra, disposto a ouvi-lo pacientemente em suas imprecações contra o Movimento Restaurador, e em seus desabafos, incutindo-lhe novo alento para prosseguir na política, para retornar ao poder. Disposto a suprir sua carência de amor.

14.

O HOTEL ACAPULCO

O Hotel Acapulco acomoda-se numa pequena ondulação da Rodovia Augusto Jimenes, no sentido Monte Azul-Santo Isidoro, à margem de uma extensa reta, o que torna mais fácil sua identificação à distância, principalmente à noite, quando se pode divisá-lo por seu festival de lâmpadas vermelhas, azuis e verdes. Oferece ao exausto caminhoneiro um repouso aconchegante e merecido, comida caseira farta e a preço convidativo, e uma razoável área de estacionamento, à sombra de araucárias, eucaliptos e flamboyants, que se misturam ao mangueiral exuberante.

Um outro serviço proporcionado pelo hotel ao feliz caminhante, vinte e quatro horas por dia, é garantido por um grupo de meninas cheias de amor, lábios sensuais, olhares convidativos, com seus decotes exuberantes e arrojados, seios proeminentes, fartos e oferecidos.

O hotel dispõe de acomodações adequadas para que aqueles colos amigos demonstrem e exercitem o amor, tudo a preço bastante razoável e até convidativo.

Talvez seja essa a razão de nunca se ver ali alguma família refugiando-se em sua convidativa área de sombra, ainda que repleta de araucárias, eucaliptos, flamboyants e mangueiras. Nem mesmo participando de sua farta comida caseira, ao redor das pequenas mesas de fórmica peroladas verde-abacate, e sentadas em cadeiras de fórmica de cores variadas, ou mesmo debruçadas no comprido balcão de marmorite vermelho, jogando o tempo fora num café amigo.

Dr. Lúcio e Dr. Peixoto passam-se por despercebidos, sentados em uma das mesas, deliciando-se num almoço caseiro de cardápio variado: filé acebolado, arroz, feijão-preto com miúdos de porco, feijão-mulatinho com miúdos de porco, ou feijão-preto ou mulatinho com ou sem legumes, pernil de porco, torresmo, couve, farofa, polenta, banana à milanesa, salada de tomate e alface enriquecida com palmito e cebola; pão, à vontade. Sobremesa a escolher entre frutas e doces caseiros!

Tudo é servido na mesa, em tigelas e travessas de louça branca (com Acapulco em azul) trazidas pelas auxiliares de cozinha, sérias e sisudas para que não sejam confundidas com as "outras". São responsáveis, levam muito a sério seu serviço e nem se importam se o dedo polegar está queimando quando seguram a tigela de feijão quente, danando o esmalte da unha.

O importante é não deixar cair a louça; o dedo sujo de feijão a gente lambe, disse uma delas.

Dr. Lúcio e Dr. Peixoto, ou melhor, os viajantes de laboratório, logo se recolherão em seu quarto no andar de cima. Não porque esperem colos amigos; eles vão trabalhar. Dessa vez, pelo menos, a missão fala mais alto que o lazer. Como se sabe, eles são viajantes de laboratórios farmacêuticos, sempre com suas pesadas pastas de couro. Deixaram muitas amostras de antibióticos para as meninas. Estão guardadas com a Beatriz, no apartamento 16.

Ainda naquela tarde, após um pequeno descanso do almoço, os dois percorreram as cercanias no carro de Peixoto, e reconheceram novamente os trechos da rodovia, já levantados por eles separadamente, que melhores condições possam oferecer ao cumprimento da missão. Chegam a um consenso acerca do melhor local para a ocorrência. Escolhem, também, um local alternativo mais à frente, dentro do limite de alcance do "hand talk", e debaixo da visão do "posto de comando". O ponto escolhido situa-se num trecho descendente da rodovia, com inflexões à direita e depois à esquerda, tudo muito adequado ao que se pretende. Parece até que a própria natureza preparou o local para o comando da

O HOMEM QUE INCOMODAVA

"operação"; oferece visão dominante, boa cobertura, itinerários de retraimento e, ainda mais, facilidades para ligações de rádio.

Laranjal, a cidade mais próxima, um núcleo populacional de vida intensa, abriga o 8º Distrito Policial, uma Companhia da Polícia Militar, o 4º Distrito da Polícia Rodoviária, muitos hotéis, um hospital bem equipado, e outros recursos mais.

Merece especial atenção o reconhecimento em detalhes e o levantamento de dados minuciosos com vistas aos possíveis desdobramentos da missão.

Para Laranjal, são conduzidos, como de costume, os acidentados na rodovia e as vítimas fatais, para as principais providências legais e de praxe.

No 8º Distrito Policial, são reconhecidos os veículos acidentados na rodovia, e ali são elaborados os registros de ocorrências, as perícias e as normas legais necessárias.

Já no Acapulco, os dois marcam um novo encontro para dali a oito dias, no mesmo local. Dividiram tarefas nessa mesma noite. Para Peixoto e sua equipe de Monte Azul, destinam-se os trabalhos de levantamento de dados referentes à polícia rodoviária, à delegacia, ao perito e ao pátio de veículos acidentados, e ao hospital. Uma tarefa difícil, que exigirá muita destreza e sigilo máximo nos reconhecimentos, nas ligações e contatos, nas amizades fortuitas, e nas imprescindíveis histórias de cobertura. É preciso identificar o pessoal que "**é nosso**" na área, e o que "**não é nosso**" também, concordaram os dois. E providenciar a "limpeza" devida, ainda acrescentou Peixoto.

15.

O HOSPITAL DOUTOR ALFREDO NEWMAN

Comovido, muito comovido, Crizanto incorpora-se à coluna dos que passam pelo corredor central e tomam o rumo do grande portão de saída, uma vez encerradas as visitas aos pacientes do Hospital Dr. Alfredo Newman. Esse final é anunciado pela irritante campainha que Dona Clara faz questão de esbofetear já há muitos anos, desde quando foi promovida a chefe das arrumadeiras. Ela cumpre esse ritual maçante e até irreverente, conforme se queixam os familiares dos baixados, com indisfarçável orgulho e autoridade. Dona Clara não se dá conta de que o momento é de consternação para os familiares dos enfermos, e também para seus amigos, e que o local pede "silêncio", como bem recomenda o pôster de uma enfermeira com o dedo indicador cruzando os lábios, a insinuar tal comportamento. Por acaso, pôster colocado ali por Dona Clara!

O Hospital Dr. Alfredo Newman, ou o Dr. Newman, como dizem orgulhosos os habitantes de Laranjal, talvez seja o único na região em condições de receber acidentados da Rodovia Augusto Jimenes. Pelo menos, é o que indicam as placas de sinalização na rodovia, cinquenta quilômetros antes e trinta quilômetros depois de Laranjal, no sentido Santo Isidoro-Monte Azul.

Mas, voltando a Crizanto, tamanha consternação desse rapaz não se deve propriamente a uma encenação, coerente que estaria com sua presença em Laranjal, e com o motivo que o leva a seguidas visitas que vem fazendo aos baixados. Isso é um caso à parte, como bem disse o Dr. Peixoto, quando lhe confiou a missão. Ele é realmente muito emotivo, e dói-lhe a alma, e até parte-lhe o coração presenciar e viver, por alguns dias, o melancólico ambiente de um hospital, principalmente o da Enfermaria Quatro, chamada pelos irreverentes, inclusive por Dona Clara, de "vala comum". O certo é que tais emoções não vão afastá-lo, em nenhum momento, da razão de sua presença ali no hospital, e ele tem consciência da importância de sua missão. Por isso, vem procedendo, com a precisão e acertos que sempre o distinguiram em suas atribuições, a um minucioso levantamento sobre o pessoal, sobre as instalações, normas existentes, e a uma coleta de dados sobre o dia a dia do hospital.

Crizanto já dispõe de dados relativos às equipes de plantão e aos seus turnos de serviço. Ele os levantou nos primeiros dias. Os costumes, deslocamentos, preferências, situação econômica, vida familiar são requisitos importantíssimos a serem levantados por ele.

De ouvido atento, conversando aqui e ali, ele já obteve informações sobre suas posições em relação ao Movimento Restaurador, o que é muito importante no momento.

Crizanto está atento à sua história de cobertura. Ele é, no presente caso, o senhor Crizanto de Paula Ramos, um novo morador da cidade. Veio primeiro e, conforme for, logo trará a sua família. O maior problema é a escola para os dois meninos. Ele está entusiasmado com tudo e com todos, principalmente com o calor humano dos moradores, o que deixa o forasteiro bem à vontade, logo que chega a Laranjal! Ele é espiritualista, muito preocupado com os problemas de cada um. Tem sido apoiado por muitos que o ajudam a angariar recursos para distribuí-los com os pequenos, como ele mesmo chama os mais necessitados.

Crizanto é um homem bom, calmo, expansivo, ombreando sempre com o seu semelhante como que desejoso de compartilhar seus problemas, o que bem se retrata em seu olhar preocupado e em suas atitudes solícitas. Já se fez merecedor da confiança de todos que o conhecem, tanto na cidade como no Hospital Dr. Newman, para o qual emprega algumas horas por dia, inclusive aos sábados e domingos, em auxílio aos necessitados, fazendo-se conhecido e amigo.

Na cozinha do hospital, tem liberdade de pegar uma rebarba de um bife com pão, de um docinho, de um café ou de qualquer outro petisco. Pede, também, algum alimento para um pobre que aguarda atendimento ou que espera a alta de um parente. Já se tornou íntimo para atendentes, para enfermeiros e enfermeiras, e até para alguns médicos. Com isso, já conhece bem a UTI, sua disposição, seu acesso, a rotina, seus mistérios.

Continua coletando dados importantes para o Dr. Peixoto, sem se preocupar com os porquês e para quês.

Crizanto é um artista! É bem verdade que seus pensamentos espiritualistas, sua conhecida maneira de agir em relação aos pobres, e sua preocupação com a caridade vêm contribuindo muito para o sucesso de sua missão. Dr. Peixoto escolheu o homem certo, não há dúvida.

É tarde de sexta-feira. Crizanto faz ver a amigos que vai visitar sua mãe em Castanhal. Espera voltar domingo.

Manhã de sol em Monte Azul. Dr. Peixoto ouve os relatos que lhe faz Crizanto. Ele pretende, ainda, aproveitar esse sábado para caminhar na praia. Mas ouvir o que o companheiro tem a dizer é muito mais importante nesse momento. Ao se despedir do chefe, e retornar a Laranjal, Crizanto é avisado por ele que o Dr. Ciro pintará na área de Laranjal, e quer conhecer o Hospital Newman. E mais: que "os dois não se conhecem e que nunca sequer se encontraram". Ele espanta-se, cala-se. É disciplinado até as últimas consequências. Nunca deixou de cumprir uma missão que lhe tenha sido atribuída. E nem deixará, por mais difícil ou intrigante que seja.

16.

COMO ESTÃO AS COISAS EM SANTO ISIDORO?

Nesse fim de semana, o coronel Alcebíades propôs à sua mulher darem uma chegadinha em Santo Isidoro, só para ver como estão as coisas. Passariam o sábado em casa, veriam se estava tudo bem com o Júnior, e voltariam domingo para o sítio.

—Já sei, arrematou dona Gema. Você está com o "fê-ô-fó" formigando! Quer mesmo é saber de notícias, quer encontrar o pessoal, quer se aborrecer, quer se estressar de novo! Eu sabia, estava demorando...

E ainda mais, continuou a mulher de Alcebíades: está tudo bem com o Juninho. Ele é um homem, não é mais um menino. E, além disso, ligamos para ele toda noite.

Na manhã de sábado, já em Santo Isidoro, Alcebíades vai ao clube para encontrar-se com o seu chefe e particular amigo, o general Prado Perez. Pela cerca de tela na quadra de tênis, acompanha as "inigualáveis, precisas e quase perfeitas" jogadas de seu superior. Vez por outra, bate palmas, elogia a excelente tacada do chefe. Por fim, faz-se notar, como queria.

— O que é que você faz aqui? Quem autorizou você a sair do sítio? Dona Gema está sabendo que o senhor está aqui? Ela não conseguiu segurar você, seu babaca? Ou foi ela que facilitou tudo?

— Chefe! Como o senhor está bem!, respondeu Alcebíades. Com um físico de tenente!

— Seu puxa-saco, sem-vergonha, brincou Prado Peres, envaidecido com os elogios do amigo.

— Precisamos conversar um pouco, e é sério, muito sério, arrematou o coronel Alcebíades.

No barzinho contíguo à piscina, entre uma cerveja e outra, Alcebíades foi conduzindo a conversa para o ponto que queria: Octacílio Calcabrini. Voltou a dizer que tem alguma coisa no ar. "Que tem, tem", afirmou.

— Como o senhor sabe, o Lúcio está de férias...

— Ora, isso eu sei, e daí?, acrescentou o general Prado Peres.

— Daí que não é visto aqui no clube, não é? E sai todos os dias. To-dos-os-dias, falou pausadamente.

— Mas, Alcebíades, ele está de férias. Se ele fica em casa ou se sai de casa, é problema dele. Tenha paciência, companheiro! Espera aí! Como você ficou sabendo disso, desses detalhes, lá do sítio?, acrescentou o chefe.

O coronel Alcebíades, debruçado à mesa, olhar fixo em Prado Peres, dá pequenas e repetidas pancadas com o punho direito, apenas o suficiente para fazer tremerem os copos e a cerveja. Trata-se, em parte, de um pouco de encenação, como que a preparar e dar força para suas próximas palavras.

— Tenho minhas fontes. E tem mais: tomou o caminho de Monte Azul já por duas vezes. E foi sozinho. Nem Dona Rosa sabia dele.

O coronel começa a realizar-se diante do silêncio e do semblante carregado de seu superior. Aproveitou a deixa para complementar suas observações, dizendo que Lúcio vai e volta num mesmo dia.

Prado Peres, dessa vez, mostra-se intrigado com as notícias. Pensou em desconversar e despedir-se de Alcebíades, e tomar providências suas a partir de segunda-feira. Mas parou e pensou: se o companheiro largou seu lazer, se viajou até aqui, se veio me procurar num sábado aqui no clube, é preciso dar atenção a ele. É preciso. Deve ter alguma coisa suspeita na história.

O general continuou em sua autoponderação: o companheiro é obstinado; isso ele é, e muito. Ele tem muita experiência, e conhece as pessoas como ninguém. Suspeita que tem alguma coisa no ar, e vem falando nisso há dias. E depois, é bem conhecida a posição de Lúcio a respeito desses últimos problemas. Sua revolta, seu inconformismo com os acontecimentos. Ele é turrão, é obstinado também. Mas sempre foi disciplinado. Tem disciplina intelectual, é certo. Mas tem aversão ao homem, ao Octacílio Calcabrini.

O general olhou para o amigo Alcebíades. Encarou-o, levantando as sobrancelhas e levantando o queixo, como a perguntar-lhe o que ele tinha a sugerir.

— Grampo, chefe. Escuta telefônica, vinte e quatro horas por dia.

— Começo a pensar que você pode ter alguma razão. Mas só alguma razão. Não vá se envaidecer...

— "Campana" também, arriscou Alcebíades.

— Isso não! Isso, não. Vamos ficar só no grampo, só na escuta. E tem mais: você cuida disso no início. Logo depois, suma para o sítio, sem demora. Só me volte aqui quando eu chamar. Vou pedir à Dona Gema para segurar você lá.

17.

"CONSTA QUE..."

No que diz respeito a Octacílio Calcabrini, poucas das expressões do tipo "consta que" e "há informes dando conta de que" se prestam para robustecer os arquivos. E isso se explica: tudo já foi checado, confirmado e atualizado. Tudo se sabe sobre esse homem, seus contatos sindicais, suas preferências, seus amigos, hotéis em que se hospeda, lazer, costumes diurnos e noturnos, suas ligações no exterior, contatos na imprensa, personalidade das elites que o apoiam veladamente, personalidade das elites que o apoiarão, se for eleito, e muito mais. Sabe-se sobre seus prognósticos de viagem, transportes de que faz uso e os que o apoiam em diversas localidades, e ainda muitos outros detalhes relevantes e irrelevantes, tanto em Santo Isidoro e em Monte Azul como na capital e em outros centros. Apenas as atividades recentes e atuais, que possam fugir da normalidade, entram nos processamentos da Inteligência.

Dessa forma ficou fácil, muito fácil para o Dr. Lúcio elaborar um esquema, um planejamento minucioso e detalhado para suas ações a curto prazo, tão abundantes e precisos os registros existentes sobre "OC". Um seu deslocamento em Monte Azul ou em Santo Isidoro não fugirá da normalidade: os mesmos itinerários, os mesmos automóveis à sua disposição, os mesmos motoristas. E, nas viagens Santo Isidoro-Monte Azul e vice-versa, os horários de saída não se modificam. Não mudam também as paradas costumeiras para descanso e abastecimento. Permanece o mesmo o local para os encontros furtivos e sentimentais. Ele é, realmente, um homem muito metódico.

O HOMEM QUE INCOMODAVA

* * *

Deixa comigo, chefe. Vou conseguir logo. É galho fraco, afirma Donato.

Dr. Lúcio não estranhou. Já esperava essa resposta de Donato. Não somente dele, mas de qualquer outro em sua equipe. Como sempre, nenhum "para quê?". Nenhum "por quê?".

Na sucata do Departamento de Tráfego Urbano de Santo Isidoro, Donato reencontra-se com seu amigo, responsável por aquele setor. Embrenha-se pelo grande cemitério de carros acidentados, abandonados, enferrujados, e de carros roubados e não mais reclamados. Ele procura daqui e procura dali. Seleciona uns e retorna a outros já vistos. Por fim, escolhe o sucateado que mais se adapte às recomendações de seu chefe e amigo, Dr. Lúcio.

— Esse. Esse aqui, diz Donato.

— Tudo bem, respondeu o amigo. Pode levar. Depois, joga aí de novo. Mas me procure quando trouxer.

— Certo, como sempre.

* * *

No Campo de Treinamento Vila Jurema, Donato e Eleutério aguardam a chegada do "chefe Lúcio", enquanto olham interrogativos para a sucata que colocaram junto à linha de alvos. Não podem calcular para que ele vai precisar de um carro naquele estado. Todo ruim. Não fazem a mínima ideia do que esteja acontecendo nem das intenções de Dr. Lúcio a respeito.

— Mas, se ele quer, é porque sabe o que está fazendo.

— É verdade. Não é o caso de comentar e nem de perguntar... Mas que ideia! O que é que espera a gente, desta vez?

Lúcio chega em seguida. Está doido para ver o troféu. Seus olhos brilham. Sorri misteriosamente. Bate no ombro de Donato, agradece e o elogia.

— Eu sabia! Você não é de falhar, Donato! Gosto disso: "Mensagem a Garcia".

E, para não causar ciúmes em Eleutério, segura seu braço esquerdo com firmeza, manifestando sua fé na equipe, em todos os que trabalham com ele. E renova sua felicidade em tê-los como amigos.

Abrem o capô do veículo, e se põem a observar a suspensão, o sistema de freio e o sistema de direção. Depois, levantam a dianteira do carro.

Eleutério é também muito bom mecânico, e vai respondendo às perguntas de Lúcio. Vai explicando o funcionamento dos sistemas, em detalhes. Vai tirando as dúvidas. Mas não sabe de que se trata. É certo que, na hora oportuna, ele vai saber.

Na manhã seguinte, Lúcio e Eleutério retornam ao "cetêvijú", como é conhecido o Campo de Treinamento Vila Jurema. Examinaram o carro-sucata com muito cuidado, como se fosse um "OK". Lúcio anota medidas, mede espessuras, desenha peças. Consulta uma tabela plastificada, em que estão escritas fórmulas para cálculos ao lado de desenhos representativos de construções. Ele pensa, faz cálculos, mede peças, pensa outra vez. Parece conceber no espaço alguma figura geométrica, como se a resolver um sério problema de geometria descritiva. Por fim, balança a cabeça aprovando-se a si mesmo. Desde os dias da Escola Militar, apaixonou-se por esse ramo da geometria, após muitas refregas e notas baixas, e continuou estudando o assunto como hobby, o que o capacitou a obter uma visão dos objetos no espaço, e também de objetos "indo para o espaço". Lúcio solta uma risada, e esfrega as mãos.

Eleutério olha atentamente. Ajuda, quando lhe é solicitado como agora, quando treina com seu chefe a adaptação de explosivo plástico na base esquerda da barra de direção do carro-sucata. Tudo tem que ser feito com muito critério. O explosivo tem que ser instalado no ponto exato e na quantidade exata que os cálculos estão indicando. Nem um pouco pra cá e nem um pouco pra lá.

O HOMEM QUE INCOMODAVA

Tem que ser ali, naquele lugar, envolvendo a peça, e bem preso a ela. Isso é crucial, e não haverá lugar para erros ou pequenos enganos. Será o momento mais sensível e preocupante de todos os trabalhos. Tanta espera, tanto sigilo, tanto cuidado nos mínimos detalhes da estressante preparação poderão nada significar e para nada valer, se ocorrer alguma falha, algum erro, algum esquecimento nesse instante-chave.

Ao companheiro Eleutério, será destinado esse trabalho. Não há outro melhor para isso. Ele reúne calma, atenção aos detalhes, e muita competência. Ele vem treinando em várias simulações, valendo-se de uma peça de ferro, nos moldes e nas mesmas medidas da barra de direção, e de pequena haste de madeira, à guisa de espoleta elétrica. Em complemento a esse delicado trabalho, Eleutério imaginou as mais diversas e adversas situações para aproximar-se do veículo-alvo e para instalar o material explosivo. Tudo com rapidez, com precisão e sob disfarce. Treinou muito em simulações tanto em casa como no "cetêvijú".

No dia "D", se tudo correr como o que já está exaustivamente levantado pela Inteligência sobre "OC", sobre seus costumes, preferências e sua rotina, o ambiente de trabalho de Eleutério e de sua equipe será o amplo estacionamento daquele conhecido e concorrido restaurante da Rodovia Augusto Jimenes, preferido pelo "homem", e seu costumeiro local de descanso. Ali, também, é o local de reabastecimento do veículo.

No presente momento, existe um homem a mais compartilhando do clandestino plano de Lúcio e Peixoto. Bem pensado, Eleutério compartilha de tão sigilosa operação apenas em parte. Apenas naquilo que lhe é possível tomar conhecimento, dentro do princípio de compartimentação das atividades de Inteligência. A seu tempo, no momento exato ele vai saber de outros pontos. Ele já sabe "o que fazer", mas nada sabe sobre o "onde" nem sobre o "quando" vai ser desencadeada a operação, muito menos sobre o alvo de tudo isso.

Hoje é o dia de ensaio. O "cetêvijú" (**C**ampo de **T**reinamento **Vil**a **Ju**rema) será o palco e o cenário, nessa manhã. Donato e Eleutério preparam-se para treinar suas respectivas participações na peça. Dr. Lúcio é o ator e o diretor. Eleutério vai colocar em prática o que vem treinando exaustivamente. Em parte, será real. Ele tem em mãos todo o material de que necessita. Lúcio vai cronometrar tudo, e repetirá os treinamentos até que obtenham um tempo mais do que satisfatório.

O comando de "já" é dado por Lúcio, ao tempo em que aciona o cronômetro. Eleutério aproxima-se do carro-sucata com a pressa necessária, mas, com discrição, sem alardes. Instala o explosivo plástico, fixa-o na haste esquerda da barra de direção. Lúcio para o cronômetro, e verifica a obra de arte do companheiro. Novo comando de "já", acionamento do cronômetro, e Eleutério repete a encenação. Tudo está muito bem, até agora.

Continuando, Lúcio e Donato postam-se a trezentos metros do carro, como que vivendo a situação por que passarão em breve, às margens da Rodovia Augusto Jimenes.

O chefe está emocionado, mas os dois companheiros seus não entendem. Nem podem entender ainda. Trata-se do ponto alto de tudo! Trata-se de garantia das Instituições, da manutenção da ordem. É a segurança do Movimento Restaurador, o futuro da Pátria! Será um tremendo golpe nas aspirações das esquerdas!

Lúcio concentra-se para esse momento sublime da história, mesmo que esteja vivendo agora apenas um treinamento. Fixa o olhar no carro-cobaia. Sente-se como que em seu posto, às margens da rodovia, e imagina um veículo em sua frente, a cem quilômetros por hora. Sorri vitoriosamente. Aciona o controle remoto. Acontece uma pequena explosão, como se esperava! Apenas o suficiente para desgovernar o veículo e levá-lo ao infinito. O carro e seus ocupantes.

Os três aproximam-se do carro. Constatam, satisfeitos, que aconteceu apenas o que esperavam: a pequena explosão causou danos somente à base da barra de direção, envergando-a um pouco, sem abalar outras peças e sem deixar marcas no setor que as envolve.

O cálculo foi perfeito, mas Lúcio pensa em reduzir em alguns gramas a quantidade de explosivo, o que é feito. Refazem a operação, agora utilizando a haste direita da barra de direção. Retornam à posição a trezentos metros do alvo, e revivem seu instante de glória, acionando de novo o controle remoto. A nova explosão apresentou resultado ainda mais satisfatório.

Lúcio sorri. Retorna ao seu habitual silêncio. Agora, é esperar.

18.

QUEM É QUEM EM LARANJAL

Ainda é madrugada em Monte Azul.

"Dr. Ciro" desce ao térreo de seu edifício. Cumprimenta o porteiro, àquelas alturas sonolento e cansado pela monotonia da noite e pela ociosidade de um pernoite normal, absolutamente normal e tranquilo, por isso que enfadonho.

É bem verdade que, vez por outra, uma sirene aqui e outra ali quebravam o silêncio daquela noite. Mas, à distância, nostálgica, chorosa, sem dizer o porquê e nem o para quê das coisas. Se foi apenas a polícia, alertando e marcando presença ou levando algum meliante para um passeio pela cidade, coisa mais rotineira em Monte Azul. Ou, quem sabe, uma ambulância em disparada, na tentativa de chegar a tempo de salvar uma vida. Incêndio não foi. Os bombeiros andam em grupos, e fazem muito barulho.

— Bom dia, Seu Benedito.

— Muitos bons-dias, Dr. Ciro! Mais uma vez, acordando com as galinhas, hein?

"Dr. Ciro". É assim, pelo codinome, que Seu Benedito conhece esse leal e inseparável amigo de Dr. Peixoto. No edifício, todos o conhecem assim, desde que para cá se mudou, há uns dois anos mais ou menos.

Uma discreta Veraneio encosta-se à calçada e pisca o farol baixo.

— Bem, eu já vou indo. Até logo, Seu Benedito. Um bom descanso para o senhor.

— Até logo mais, Dr. Ciro! Um bom serviço; bom serviço!

O atencioso porteiro, de seu posto, aciona o portão eletrônico para o madrugador.

* * *

— Tudo bem, Barbosão?, perguntou Dr. Ciro ao motorista da Veraneio.

— Tudo bem, chefe, tudo bem. Esse horizonte vermelho tá pintando um dia muito quente, eu acho.

Não demora muito e já estarão na estrada, deslizando orgulhosos pela Rodovia Augusto Jimenes, uma realização monumental a mais do Movimento Restaurador! Dr. Ciro abre sua maleta tipo 007 e prende um bloco de anotações na pequena prancheta de acrílico fumê. Revê, na segunda e terceira folhas, algumas anotações em código, algumas perguntas a fazer e um croquis da área a visitar, tudo muito pouco inteligível para Barbosão. Apesar da distância hierárquica e de sua conhecida discrição em quase tudo, ele não deixou de dar uma rabiscada de olho na prancheta do chefe, ainda que atento ao volante.

Ciro relê as anotações. Rememora seu encontro com Peixoto duas noites atrás, e se sente orgulhoso por ter um chefe tão capaz, tão justo, tão firme em seus propósitos e em suas convicções. E mais se envaidece em se sentir um dos mais peixes dele, e de ser uma pessoa da total confiança desse superior. Um verdadeiro afago em seu superego, um estímulo à sua autoestima.

Ele continua calado, não se dando conta das observações de Barbosão sobre o tempo, sobre a possibilidade de uma pancada de chuva passageira, sobre a delícia de se dirigir numa pista de asfalto tão perfeita. Num determinado momento, Ciro falou um "Ah, é!", completamente fora e sem propósito, pensando em agradar seu companheiro motorista. Mas Barbosão não entendeu bem e ficou quieto.

Ele, "Dr. Ciro", prossegue em suas divagações. Ele diz para si mesmo: se partiu de Peixoto essa missão, não há sentido em se perguntar o porquê nem para quê.

Tendo um chefe de tamanha envergadura moral e tão capaz, o subordinado mergulha no escuro, e sem vacilações. Não há lugar para dúvidas nem para hesitações. É assim que Ciro pensa.

Durante o trajeto, agora dando ouvidos às histórias de Barbosão, sempre revestidas de humor e de ironias simplórias, e que levam ao riso até o mais taciturno dos companheiros, Ciro tenta vender o seu peixe de certa forma também hilário, e volta em seguida aos seus rabiscos e anotações. Por vezes, muito sério e pensativo, parece planar em seus pensamentos.

No terceiro Posto Rodoviário, param para beber uma água, ou até um café amigo. Dr. Ciro se dá a conhecer aos policiais em serviço, e logo se esmorecem as formalidades. Trocam ideias, fazem comentários. Na conversa, informações são trocadas, como em rotineiro encontro de corresponsáveis pelo "grande momento que a Pátria vive e pelas virtudes e realizações do Movimento Restaurador". Ciro já dispunha de dados sobre o pessoal do posto, sobre as equipes e seus turnos. Com as conversas de "cerca-lourenço", acrescenta novos dados aos que tem em mãos, recolhidos dias antes.

No trevo de Laranjal, deixam a Rodovia Augusto Jimenes e entram na cidade. Estacionam a Veraneio e descansam numa lanchonete. Barbosão nada pergunta. É assim que trabalham as equipes da Inteligência. Ninguém procura saber mais do que aquilo que lhe foi passado. Assim, vão-se solidificando o companheirismo, a confiança mútua e o espírito de corpo, afirmam.

* * *

Logo de início, o encontro de Dr. Ciro com o pessoal da Delegacia de Polícia foi muito formal e distante. Mas, no decorrer de um papo com o delegado, o gelo foi-se quebrando e as portas foram-se abrindo. Afinal, estava tudo em casa. O delegado, Dr.

O HOMEM QUE INCOMODAVA

Licurgo Benoni, sentiu-se prestigiado e envaidecido com a presença de tão importante visita em seu local de trabalho.

Ciro faz que não aceita o esperado convite para o almoço. Antes, porém, que o calor do convite se esfrie, resolve aceitá-lo. Mais tempo para colher informações, para saber mais sobre a área, para conhecer a política local. Para dar respostas aos quesitos relacionados por Dr. Peixoto duas noites passadas.

Ele passeou com o ilustre anfitrião por toda parte da cidade de Laranjal. Conheceu o Hospital Doutor Alfredo Newman, onde passou por Crizanto, mas "não o reconheceu". Ficou impressionado com as informações sobre o grande benemérito, Alfredo Newman, que emprestou o seu nome àquela casa. Sobre sua dedicação ao povo, para ele, seus próprios irmãos, principalmente os pobres. Em determinado momento, Benoni fez alusão a um novo morador da cidade; parece que se chama Crizanto de Paula. Dentro das devidas proporções, esse rapaz faz lembrar a dedicação do grande benfeitor, Dr. Newman. Cruzamos com ele há bem pouco.

Mesmo sem perguntar, Ciro foi sabendo "quem é nosso" e também "quem não é nosso" na cidade, inclusive no hospital. Impressionou-se, também, e até ficou admirado com o elevado número de acidentes na rodovia, naquela região, apesar do "esmero de tecnologia com que foi retificada, e mesmo construída em alguns trechos", envaidecido por ser coparticipante do Movimento Restaurador, arquiteto de tantos empreendimentos no país. Também, sem precisar pedir ou fazer qualquer insinuação, conheceu o pátio onde estão recolhidos os veículos acidentados, tanto na cidade quanto na Rodovia Augusto Jimenes. Verificou a rotina e o pessoal em serviço no local. Apenas um funcionário tem a chave do portão. Por ele, praticamente passam todas as ordens e contraordens de serviço. Ele é um filtro naquele pátio. É, sem dúvidas, um homem importante para a missão.

Dr. Ciro deu rumo à conversa para um assunto não abordado ainda: o intenso e provavelmente exaustivo trabalho da Perícia

Técnica. Quis saber mais sobre esses relatos impressionantes, até ficou conhecendo o perito, Sr. Zenóbio. Por curiosidade, mera curiosidade, passou a vista em alguns Inquéritos Técnicos sobre acidentes rodoviários. Gostou de ver o rigor das apreciações e das conclusões do perito, de como é minucioso em seus relatórios. São elaborados com preciosidade. Trata-se de um trabalhador muito sério, inteligente e de muita competência. Quanto à sua posição em relação ao Movimento Restaurador, segredou o delegado que se trata de um homem enigmático. Não se pode dizer que "é gente nossa", mas, também, não se pode afirmar que "não é gente nossa". É um homem capaz e inteligente, dedicado ao seu trabalho. Quanto a isso, não há dúvida.

Já quase nas despedidas, Ciro deu uma olhada, por curiosidade, mera curiosidade, em alguns documentos sigilosos que lhe foram mostrados pelo delegado, Dr. Licurgo Benoni. Pôde, assim, ter uma ideia mais completa a respeito dos assuntos políticos e sindicais na área e, também, a respeito dos setores estudantil e religioso.

* * *

O sol já se pôs em Monte Azul.

O porteiro do Residencial Flamboyant observa que uma Veraneio se aproxima do prédio, e logo estaciona bem à frente. Certifica-se de que se trata do retorno do Dr. Ciro, como de rotina. Aciona o portão eletrônico para que entre o também ilustre morador. Levanta-se, como que muito cansado, e chama o elevador social. Trata-se esse gesto mais de uma gentileza do que de uma obrigação sua. Mas ele é assim, cortês com todos.

— Boa noite, Seu Benedito! Já está em seu posto? Tudo bem?

— Boas noites, Dr. Ciro. Cheguei mais cedo hoje. Mas estou com uma fisgada no peito que responde no costado! Do resto, tudo bem, graças a Deus.

— Acho que é coluna, Seu Benedito.

— Não! É velhice, Dr. Ciro. É a idade do condor: com dor aqui, com dor ali... Olha! As galinhas já foram para o poleiro, ih! ih! ih!... Estão no segundo sono!

19.

NOVO PERITO EM LARANJAL!

Logo pela manhã, Dr. Licurgo Benoni, delegado de polícia de Laranjal, pede a Zenóbio, o perito técnico, que compareça à sua sala.

— Dr. Benoni, com sua licença?

— Entre, Zenóbio. Sente-se, por favor.

O perito estranha essa formalidade. Senta-se e encara o delegado, que se mostra acabrunhado. Ele está interrogativo e apreensivo, e espera que o Dr. Benoni diga logo o que pretende dizer.

Benoni estende a mão direita e passa a Zenóbio um radiograma, recebido no final da noite anterior. Mantém em sua mão esquerda outro documento.

O perito lê atentamente o radiograma. Fica surpreso com o conteúdo. Nunca recebeu tantos elogios por seu trabalho. São elogios que ficarão arquivados, e anexados à sua folha de trabalho, e que robustecerão o seu "curriculum vitae", por certo. Maior surpresa reserva-lhe o final do documento. Ele passa a integrar a lista dos próximos promovidos em seu quadro, o que se dará no mais curto prazo.

Dr. Benoni cumprimenta o companheiro e reafirma os elogios que lhe foram concedidos. Ele encabula-se e sorri discretamente.

— Apenas cumpro com minha obrigação, doutor. O dever acima...

— O dever e a honra acima de tudo, meu amigo!, interrompe o seu chefe imediato, recolhendo das mãos de Zenóbio a feliz mensagem.

E ainda tem mais, prosseguiu o delegado, mostrando-lhe o outro documento que tinha preso na outra mão.

O perito Zenóbio lê o documento. Não acredita no que leu, e torna a ler com aguçada atenção. Não caiu porque já estava sentado.

— Como pode ser isso, Doutor Benoni? O que é isso? Uma transferência, sem nenhuma razão! Sem nenhum motivo! E no meio do ano? As crianças na escola! Que confusão na vida da minha família! Eu me dedico ao máximo ao meu trabalho, não me ligo a nada que não seja o serviço! Sou intransigente nas minhas funções...

Benoni procura acalmar Zenóbio. Está surpreso com a reação do perito.

— Um elogio desse, eu nunca recebi, rapaz. E, ainda mais, uma promoção não esperada... Isso é um presente!

— Um presente de grego, doutor. Um Cavalo de Troia! Como vou morar em Monte Azul?

E continuou em suas lamúrias, alegando que já tinha a vida estruturada em Laranjal. Tinha até comprado um terreno, onde um dia construiria sua casa.

— Quando tenho que ir, doutor?, perguntou amargurado o perito Zenóbio, arriscando um pedido: o senhor não poderá interferir?

— Seu substituto já está nomeado, e a caminho! Deve chegar em cinco dias. Está notificado aí, no final do documento.

Ele torna a ler o documento. Com o desespero que lhe causou a notificação, esqueceu de ler o resto. Está muito chateado. Jamais pensou em sair de Laranjal.

20.

COINCIDÊNCIAS NO HOTEL MIRAFIORI

Mesmo em férias, Lúcio não deixa de aparecer no serviço. Isso já é costume seu. Não somente seu, mas um costume dos companheiros de profissão, e bem antigo.

Pode-se dizer que é uma tradição. Lúcio vai rever os companheiros. Não quer perder o fio da meada; quer saber como andam as coisas em Santo Isidoro e no país, principalmente na Agência de Monte Azul! Senta-se à sua mesa de serviço. Mexe nas gavetas sem a mínima necessidade, apenas por ato reflexo. Sente-se bem com esse gesto banal. Pede ao seu auxiliar as últimas sinopses, compiladas dos jornais de maior expressão do país nesses quinze dias. Ele as lê calmamente e com muita atenção. Pensa, repensa e analisa. Agora, tem em mãos alguns Relatórios de Informações. Lê, também, com muita atenção, e faz algumas anotações.

Lúcio chega aonde quer, com essa visita: os passos de algumas personalidades, possíveis alvos seus. Verifica suas atividades recentes e suas prováveis movimentações. Atenção maior para seu alvo principal: Octacílio Calcabrini. Ele tem viagem marcada para Santo Isidoro e, depois, para Monte Azul. Há reserva nos hotéis de costume, nessas cidades.

O Hotel Mirafiori continua marcando presença na região central de Santo Isidoro. Não mais de modo soberbo e imponente, como acontecia até há alguns anos.

O HOMEM QUE INCOMODAVA

O majestoso prédio, de estilo renascentista, ficou envolvido por enormes arranha-céus que lhe subtraíram a visão magnífica de um grande setor da metrópole ao seu redor, particularmente à noite, quando há tempos se podia descortinar um extenso tapete como de estrelas cintilantes.

Reserva-se a suíte número 312, a partir de quarta-feira, ao senhor Octacílio Calcabrini, hóspede ilustre de sempre, e que se manteve fiel ao Hotel Mirafiori. Isso veio confirmar duas ligações telefônicas para o senhor Almenôr Veronezi, da capital para Santo Isidoro, partidas da secretária de "OC", e cujo teor sinalizava uma viagem de "OC", solicitando ao velho amigo do patrão aquele apoio de sempre.

Coincidentemente, a partir de segunda-feira ocupam a suíte de número 314, contígua à suíte 312, a de Octacílio, dois senhores, procedentes de Monsões, pecuaristas naquela região pastoril. Estarão em Santo Isidoro a negócios, e não têm previsão de quanto tempo se hospedarão no Mirafiori. Durante essa permanência na cidade, receberão a visita de amigos, também a negócios, do que já está prevenida a gerência do hotel, à qual foi solicitada uma pequena sala para reuniões.

21.

A GRANDE SINFÔNICA DE SANTO ISIDORO

A tradicional Orquestra Sinfônica de Santo Isidoro dará início à sua tão esperada e anunciada exibição, marcando oficialmente o encerramento das comemorações do aniversário da pujante metrópole. Uma plateia especialmente selecionada ocupa assentos no majestoso Theatro Municipal, presenças ilustres que oferecem ainda maior brilho ao singular evento.

Presentes ao acontecimento, altas autoridades civis, militares e eclesiásticas, todas afinadas com o pensamento e com as diretrizes do Movimento Restaurador, e dele coparticipantes.

Já se pode ouvir a gritaria das sirenes, embora distantes. São muitas motocicletas a tocar num alarido desencontrado, aproximando-se do Theatro Municipal. O roncar possante dos motores de 1.200 cilindradas é ensurdecedor, autoritário, desafiador, mas nele existe alguma coisa de bonito e excitante.

— Que é isso, pai?, perguntou o menino, agora na cacunda de seu pai, entre centenas de populares à frente do teatro.

— São batedores motociclistas! Eles protegem as autoridades e fecham o trânsito para elas passarem... vem por aí alguma autoridade.

— Mas, pai. Não tem trânsito nenhum hoje!

É verdade. Quase não há trânsito nesta noite calma, neste fim de feriado em Santo Isidoro. Mas as sirenes em alarido, menos que advertindo o trânsito, fazem lembrar a todos, motoristas e pedestres, que existem as autoridades, que existe um poder acima de suas cabeças, a quem são devidos o respeito, a sujeição e até o temor.

Os batedores cravam suas botas, como se fossem esporas, no pedal acionador das sirenes. Eles estão envaidecidos de si mesmos, numa sensação de poder desmedido, como se fossem eles próprios os motores de suas motos. Sentem-se felizes nesses momentos de fugaz felicidade.

Três possantes holofotes de artilharia antiaérea cruzam seus fachos de luzes nos céus de Santo Isidoro, como que a procurar e localizar aviões inimigos. Vez por outra, algum dos fachos é jogado sobre o teatro. Um espetáculo empolgante e de rara beleza!

O comboio chegou ao pé das escadarias, passando por um corredor ladeado por cordões de isolamento, e guarnecido por policiais. Chega para a solenidade o general-comandante militar. Ele é a maior patente militar na área, e, cumulativamente com sua posição de alta chefia, representa o senhor presidente, Chefe da Nação e "timoneiro seguro do Movimento Restaurador da ordem, da moralização dos costumes e de alavancamento do progresso". A ele foram conferidas as honras de estilo, partidas de uma banda militar e de um corredor de garbosos soldados, previamente postados na entrada do teatro.

Esse comandante muito aprecia as honras de estilo, as precedências regulamentares e a presença de batedores-motociclistas nos deslocamentos das autoridades, ainda que no seu dia a dia, como nas idas para o trabalho e no seu retorno para casa.

Num jantar informal, por exemplo, na residência de um seu amigo e admirador, ele determinou que batedores-motociclistas o acompanhassem, não poupando o acionamento das sirenes. Nos jardins do edifício de apartamentos, soldados postados em jarrões prestaram-lhe continência. Uma ostentação necessária, disse ele, afirmando que "*é preciso que a autoridade seja conhecida e reconhecida pelo povo em todas as ocasiões, ainda que de pouco significado*". Ele sempre afirma: "*o culto à personalidade e ao poder é necessário à coesão de um povo*", e arremata, encolhendo os ombros: é... "*noblesse oblige*"!

Os seus auxiliares diretos dizem aos que não participam da intimidade de seu chefe, que se trata de um homem austero, mas boníssimo: um homem de peito e que nada teme, complementam eles. Ele se preocupa com os pequenos, com as desigualdades e injustiças sociais. E citam um acontecimento que passou despercebido por muitos: um dia desses, um "flanelinha", em sua simplicidade e humildade, aproximou-se do general e pediu-lhe justiça. Disse que não podia mais ganhar uns trocadinhos cuidando dos carros estacionados na rua, vigiando-os, jogando uma água, pois uma máfia passou a controlar todas as ruas do bairro, dando ordens, proibindo os outros de trabalhar sem permissão deles. Só se pagar, disse o "flanelinha", já chorando.

A queixa do homem simples do povo emocionou o chefe, deixou-o irado. Mandou que o capitão chamasse imediatamente ao QG o prefeito de Santo Isidoro, exigindo imediatas e cabíveis providências a respeito de tamanho abuso e injustiça.

Não demorou muito, e camelôs também pediram a S. Ex.ª uma ajuda, para que pudessem instalar suas barracas livremente nas ruas e praças. Feirantes pediram-lhe vagas nas feiras livres, e daí por diante.

* * *

Em seu camarote, a ele cedido por amigos influentes e importantes, Octacílio Calcabrini, elegante como de costume, a tudo assiste prazerosamente, observando, com argúcia peculiar, os menores movimentos e os discretos acenos entre os convidados.

Há não muito tempo, em eventos semelhantes, a ele estaria reservado o camarote presidencial, e outros camarotes mais, julgados necessários, contíguos ou próximos ao seu, para o acolhimento de potentados da indústria e da agropecuária, e também para acolher políticos bajuladores, ávidos do calor do poder, das benesses da mãe-pátria, e embalados pela honraria de um cumprimento ou de um aceno presidencial, inebriando-se com o calor da proximidade a eles concedida. Nessa noite faustosa, uns poucos amigos acompanham "OC", e dispensam-lhe alguma atenção.

É razoável se pensar neste momento na escolha do repertório para o "concerto de aniversário".

Um fato banal que não se deu, desta vez, com tranquilidade e sem ingerências, como de costume, quando o maestro acolhe o parecer de seus músicos, incluindo uma ou outra solicitação de fora.

O prefeito de Santo Isidoro viu-se também no direito de dar um pitaco na escolha e seleção das peças, uma vez que o comandante militar da área já havia, com certa sutileza, insinuado sobre seus agrados e desagrados musicais, o que, na verdade, se constituía numa imposição. Os músicos sentiram-se depreciados, chegando a ficar melindrados e enciumados.

O maestro Leonardo Torricelli mais uma vez teve que se valer de sua habilidade na condução da crise que se seguiu, sem deixar cair a batuta. Foi humilde, mas não subserviente; enérgico, sem perder a afabilidade; cordato, sem perder a grandeza.

Assim, ficou acertada uma reunião à qual deveriam comparecer, além do maestro Torricelli, os representantes do comandante militar, do prefeito e, por deferência, do governador também. Do prefeito, porque ele é o dono da orquestra; do governador, para evitar ciúmes, sendo ele o governador do estado; e do comandante militar, porque ele é o comandante militar.

No dia e hora aprazados, após cumprimentos e mesuras, e após um cafezinho e água mineral, tem início, numa das salas do Quartel General, a "reunião do repertório", como ficou conhecida.

O maestro fez-se acompanhar pelo renomado concertista Emanuel Severski, primeiro violino da Sinfônica, o que não agradou muito, e causou até um desconforto, por tratar-se de pessoa sabidamente simpatizante do marxismo.

De início, o capitão Birom agradeceu a todos, e disse "o quanto nos honra a presença dos senhores em nosso aquartelamento". Passou a palavra ao maestro Leonardo Torricelli, como era de se esperar, para conduzir os trabalhos.

O maestro apresentou, então (depois de mesuras e humildades tão convenientes ao momento), uma relação de peças musicais a serem consideradas para a escolha do repertório.

Ali estariam incluídas, também, as propostas suas para a Segunda Parte do concerto, com a participação do grande coral, de uma soprano e de um tenor lírico. Ele entregou uma cópia a cada um dos participantes da reunião.

Sentaram-se à mesa de reunião, em que foram dispostos, de maneira ordenada e rigorosamente igual, um lápis preto, uma caneta esferográfica azul, uma caneta esferográfica vermelha, uma borracha "tinta-lápis", seis folhas de papel almaço sem pauta, e um apontador. Um prisma de papel-cartão amarelo, adrede preparado, marcava em preto o nome e a função de cada um, indicando, assim, o lugar para cada participante tomar o assento.

Um lugar a mais, com material na mesma disposição, mas sem o prisma amarelo, foi preparado para o violinista Emanuel Severski (de presença inesperada e inoportuna).

Após uma leitura calma da relação apresentada pelo maestro, com sussurros de aprovação de uns, indiferenças e até sisudez de desagrado de outros, cada um dos presentes usou da palavra, não faltando intervenções laterais de "discordo", "concordo", os "por quês?", e os "a mim me parece", tão pernósticos.

O músico Severski propôs a inclusão de *Príncipe Igor*, de Borodin.

Explicou suas razões musicais, cheio de erudição. Prosseguindo, sugeriu, também, *Os barqueiros do rio Volga*. Ele chegou a solfejar uns trechos, ao mesmo tempo em que regia uma orquestra e coral virtuais, olhos semicerrados como que a flutuar.

O maestro inclinou levemente a cabeça. Nada comentou, aguardando o que previa e de quem previa. O capitão Birom, enrubescido, para não se dizer enfurecido, retrucou incisivamente:

— Não! Discordo! Nada de Rússia, nada de comunismo; nem pensar e nem lembrar dessa gente!

— Na arte não existe ideologia, capitão, retrucou Severski asperamente. E muito menos na música!

— Mas não se pode afirmar isso sobre os músicos nem sobre os artistas... Ou podemos?, arrematou o capitão, não menos asperamente, encarando Severski.

O músico Severski ainda tentou replicar, mas o maestro polidamente tocou-lhe o braço, ao tempo em que passou a palavra ao representante do governador para que apresentasse suas sugestões.

Após algumas palavras de pouca expressão, ele sugeriu a inclusão de *A cavalgada das Valkírias* e, um tanto suplicante, o alegro *A primavera*, de Vivaldi, sendo essa última do agrado da primeira dama. Ele complementou, com o olhar delirante: ela é linda, linda, linda!

Por alguns instantes houve dúvidas sobre a palavra linda: a música ou a esposa do governador?

O maestro agradeceu e acatou as sugestões, mas lembrou que esse alegro de Vivaldi tomaria dez minutos do tempo. A inclusão imporia o corte de uma ou duas músicas.

— Não sendo *Va, pensiero*, a escolha do general, tudo bem, retrucou o capitão Birom.

Nas faces presentes, sorrisos e aprovações.

Ao final da reunião, bastante informal na verdade, foi servido o tradicional "BASC" (biscoito, água, suco e café), enriquecido com suco de laranja e geleia de pêssego.

O capitão Birom, chamando o maestro à parte, fez ponderações quanto à inclusão de *A cavalgada das Valkírias* no repertório. Ele disse que Valquíria era o codinome de conhecida subversiva, agitadora marxista, contestadora do Movimento Restaurador.

O maestro, acatando a ponderação do capitão, informou que, no máximo em cinco dias, entregaria o repertório da Sinfônica para o grande concerto do aniversário.

* * *

Birom, o capitão, fez um resumo do repertório, e incluiu em suas anotações, à tinta carmim, informações obtidas sobre os compositores, suas vidas, e outras coisas pertinentes. Ele sempre foi muito cuidadoso com todos os pormenores que fossem úteis ao chefe e à esposa.

Eis uma relação do repertório, com algumas das anotações complementares do capitão, feitas em seu exemplar, e em carmim. São costumeiras medidas necessárias para que ele bem possa alertar o seu chefe e a esposa; melhor dizendo: complementar conhecimentos.

Concerto de Aniversário

a) *Primeira Parte: (Orquestra) (54 min e 47 seg)*

1. *Terceira Sinfonia*
2. *Minueto nº 9*
3. *Noturno*
4. *Valsa das Flores*
5. *Pompa e Circunstância*
6. *Ária*
7. *História de Três Amores*
8. *Sonata ao Luar*
9. *Concerto para Piano*
10. *Valsa do Imperador*

b) *Intervalo: (8 min)*

c) Segunda Parte (Orquestra e Coral): (34 min e 26 seg)

1. *Va, Pensiero*
2. *Der Freischutz*
3. *Ária da Rainha da Noite (Sarita Pajon)*
4. *Tanhauser*
5. *Soldiers*
6. *La Traviata (Sarita Pajon e Hugo Steffani)*
7. *Aída (Entrada Triunfal)*

Em tempo:

- no final, agradecimentos do maestro... (aplaudir!!)... as cortinas se fecharão

- previsão, em caso de muitos aplausos: as cortinas abrem-se novamente/ o Maestro retorna / a Orquestra executa Va, Pensiero / as Cortinas se fecham. Daí, é o Final, de verdade! (arrego!!!)

No momento, o capitão Birom tem em mãos o seu resumo do repertório. Ele está sentado ao lado do general Sampietro, e encontra-se em condições de dar resposta às indagações de seu chefe ou de sua esposa; de alertar sobre os momentos certos de aplaudir como de impedir um aplauso inoportuno; informar sobre o próximo número a ser executado pela Sinfônica e sobre algumas particularidades a respeito. Para tanto, o capitão Birom teve o especial cuidado de elaborar uma síntese sobre cada número a ser apresentado, sobre os compositores, suas vidas, e algum fato pitoresco ou notório. Tem anotações interessantes a respeito da soprano Sarita Pajon, que se apresentará na Segunda Parte do concerto, bem como a respeito do tenor Hugo di Steffani, que com ela fará um dueto. Ele esteve presente em dois ensaios da orquestra, preocupado em continuar a ser bem-sucedido em sua assessoria ao seu chefe, o comandante militar da área, em todos os assuntos. Procurou o maestro Torricelli e, nos intervalos dos ensaios, dele obteve pacientes e esclarecedoras explicações, fazendo anotações de tudo.

Dias depois do concerto, o maestro Leonardo Torricelli, chamado ao Quartel General para um almoço com a oficialidade, expressou ao comandante militar sua admiração pelo comportamento do capitão Birom ao comparecer a dois dos ensaios da Sinfônica, informando-se de tudo, querendo saber de detalhes e até sobre curiosidades, tudo para bem assessorar o general, o seu chefe, e a sua família. O general Sampietro chegou a comover-se com tamanhos cuidados do capitão Birom para com ele e com a sua família.

Quanto ao Sr. Emanuel Severski, o primeiro violino da Sinfônica, aquele, de presença constrangedora na "reunião do repertório" no QG, com suas observações e alegações inconvenientes, como foi possível observar, não esteve presente entre os músicos no grande concerto. Ele entrou em férias adiantadas, e terá antecipada sua aposentadoria.

22.

ABREM-SE AS CORTINAS DO MUNICIPAL!

Na hora marcada, sem um minuto de retardo sequer, abrem-se lentamente as pesadas cortinas de veludo no imponente Theatro Municipal de Santo Isidoro! Um espetáculo majestoso e secular.

Como em Paris, Viena, Varsóvia, Milão, Moscou, Budapeste, Nova Iorque, Buenos Aires, Santiago, a imponência desse espetáculo vai silenciando vozes e sussurros com não menor magnetismo. Olhares atentos voltados para os impecáveis, inertes e austeros músicos da grande sinfônica, todos eles de pé. À frente da orquestra, curvando-se em agradecimentos, o seu famoso maestro; naquele instante, o mais feliz dos maestros, polarizador de tantas e tamanhas honrarias. Pensamentos à parte, talvez até faltando com o devido respeito a tão significativo momento, se poderia comparar aquela cena a fileiras de perplexos pinguins nas geleiras da Antártica, olhando impassíveis a enorme plateia de forasteiros a bater com as mãos, como as focas.

Aplausos prolongados e educadíssimos!

Fim dos aplausos prolongados e educadíssimos.

Vistosas e elegantíssimas senhoras, menos preocupadas com o grande espetáculo do que com a admiração que seus colares, pulseiras, anéis, penteados e trajes caros possam causar a outras delas, menos aquinhoadas pela sorte, tudo fazem para ser notadas, e quem sabe, anotadas pelos colunistas.

Tem início a apresentação. Cada peça musical, sabiamente selecionada e magistralmente executada, conduz os mais sensíveis a se recolherem em suas próprias almas, à busca de refúgio e abrigo no recôndito de seus corações.

O "velho político" passeia o olhar perdido pelas frisas, pelos camarotes, pela plateia enfim, remontando-se às noites de magnitude semelhante, vividas por ele em dias de fausto e de poder. Resta-lhe refugiar-se em seu próprio mundo, no mundo de Octacílio Calcabrini, e que só a ele pertence.

Ele, "o homem", perde-se em divagações ao som envolvente da *Terceira Sinfonia de Brahms*. Retrocede à infância de seus filhos, e se vê sorrindo com os acordes do *Minueto Número Nove*, de Paderewsky. Esses acordes invadem a sua alma a ponto de imaginar ter nos braços os seus pequeninos, afagando-lhes os cabelos... E a felicidade de tão lindos devaneios prolonga-se com o *Noturno de Chopin*.

Octacílio desperta de seu sono acordado. Procura disfarçar o constrangimento daqueles instantes, com um sorriso sereno para seus amigos ao lado.

* * *

Na suíte 314 do Hotel Mirafiori, os dois pecuaristas, ali hospedados desde terça-feira, são avisados que um certo senhor, representante dos laboratórios Cândido Sobrinho, deseja falar-lhes. A portaria é avisada para encaminhar o visitante.

Chegando à suíte 314, contígua à de "OC", Lúcio cumprimenta os companheiros, e toma conhecimento dos trabalhos. Tudo pronto. Tudo bem. Dali se pode monitorar todo o "dispositivo". Nenhuma conversa, nenhum sussurro que seja deixarão de ser captados pelos minúsculos dispositivos instalados nas cortinas, nos sofás e poltronas, e nos colchões da suíte ao lado, além da escuta telefônica, já em curso.

* * *

O HOMEM QUE INCOMODAVA

Calcabrini volta a fixar o olhar na orquestra. Ele ama a vida. Essa vontade férrea de viver intensamente cada um de seus minutos, alternada com momentos de recolhimento e nostalgia, significa, para muitos, uma clara manifestação da sua personalidade, de seu dinamismo, mas que ultimamente quase o fazem sucumbir vez por outra, diante de mágoas e decepções com a política. Para seu médico e amigo, entretanto, esse comportamento é normal à enfermidade que o assola, que faz aflorar em suas vítimas um anseio desmedido por viver intensamente cada instante, seguido por momentos de desânimo, nostalgia, reflexão e até de depressão.

Octacílio reserva-se o direito de guardar e recolher esse malfadado segredo ao seu mundo impenetrável, somente o compartilhando com o seu médico, e com mais ninguém.

Revelar uma enfermidade, a essas alturas, quando se pode vislumbrar a possibilidade de retornar ao poder, complicaria tudo, tornaria inviáveis suas pretensões e sonhos. Praticamente o marginalizaria da vida pública. Não pela enfermidade em si, ainda que grave, mas pelas armas e munição que oferecerá aos seus desafetos e adversários. E mais ainda, pelo conhecimento que se tem da psicologia das massas, por vezes cruel: o povo quer seus líderes sempre fortes, saudáveis, em plena capacidade física, altivos, eternamente sorridentes, felizes! Para ver fraquezas, doenças, incapacidades, tristezas, infelicidades, basta o povo olhar para si mesmo.

Ninguém quer ter um herói cansado como seu paradigma. Aos heróis cansados e combalidos, reservam-se as páginas da História, os monumentos e os nomes de logradouros a recordarem suas heroicidades passadas. A comiseração não está incluída no julgamento das massas. É como se fora um sadismo. Um ídolo doente, na política, perde os votos de seus eleitores. Não perde o afeto nem a admiração, que não servem para a contagem das urnas. Mas os votos, ele os perde.

O grande apego de "OC" a cada um de seus momentos não permite que se lhe escape sequer um compasso musical. As variações melódicas o conduzem a algum instante de sua vida, vivido há pouco ou já passado, refluindo do subconsciente e aflorando à pele. Por vezes, pressionando-o e insinuando-se nos olhos umedecidos.

Octacílio percebe que muitos olhares se voltam para ele, sem fixá-lo, passando de raspão. Não é aconselhável às elites comprometerem-se com poderes passados, principalmente de oposição, ainda que seja com um simples olhar. No presente momento político, qualquer aceno ou até mesmo um olhar de intimidade que seja, dirigido a "OC", poderá comprometer posições de prestígio conquistadas junto à nova ordem política, agora a razão única de intimidades, de acenos e de louvores, ou seja: os dignitários do Movimento Restaurador. Esse é o poder do momento, e qualquer descuido poderá jogar por terra uma posição de destaque, um cargo, uma indicação, uma representação, uma viagem ao exterior, um polpudo empréstimo ou um reescalonamento de alguma dívida!

Entretanto, com malabarismo e argúcia, é bom e aconselhável manter um fio de ligação, ainda que tênue, com poderes em potencial. Afinal, em qualquer parte do mundo as elites estão sempre bem com aqueles que estão bem, e nunca se descuidam quanto àqueles que poderão estar bem.

A contagiante melodia da **Valsa das flores** entusiasma o ambiente requintado do Theatro Municipal. Mas não envolve Octacílio Calcabrini, magoado com a frieza de tratamento e até desprezo de seus antigos bajuladores, ali bem perto dele. Num repente, entretanto, reanima-se e sorri, e até se deixa empolgar com os acordes magníficos de **Pompa e circunstância**, a vibrante partitura de Elgar. Ele se deixa transportar aos seus dias de fausto e de glória como chefe de Estado e chefe de Governo, dois poderes díspares, conflitantes e incongruentes, aleijão do sistema presidencialista, e que Octacílio tão bem soube harmonizar, quando presidente do país.

* * *

O HOMEM QUE INCOMODAVA

Em sua sala de trabalho, Eleutério faz mais um "check-up" do material que lhe foi confiado preparar e guardar muito bem. Ele pensa em detalhes que o trabalho possa exigir durante a execução. Repensa e reinspeciona tudo, imaginando macetes que possam melhorar a sua tarefa. Prepara alternativas. Não quer ser apanhado de surpresa.

Com massa plástica comum, treina seu momento principal na missão, o momento mais sensível de toda a "operação". Envolve uma barra metálica com massa, fixando-a com fita adesiva especial. Submete a barra a trepidações. Tudo está bem, no caso. Revê as ferramentas a utilizar: o mínimo necessário, como bem recomenda esse tipo de missão.

Agora, seguro de si, procura entender os detalhes que lhe faltam nessa interrogativa empreitada. Procura, também, apagar da mente as perguntas que gostaria de fazer ao Dr. Lúcio. Está satisfeito com as respostas que lhe sugerem a larga experiência. Nada a perguntar. Não se faz pergunta a um chefe como ele. Segue-se, apenas isso.

* * *

À execução da **Ária**, de Bach, segue-se a **História de três amores**, uma sequência de páginas tocantes e de extrema sensibilidade, que convidam à meditação, à introspecção e ao recolhimento espiritual. Octacílio deixa-se levar pela emoção que o momento inspira e está a reclamar. Enfermo e deprimido, ele angustia-se com um casamento mais do que infeliz. Não para um momento de se machucar com a ingratidão de políticos e até de amigos. A possibilidade de refazer a vida ao lado de outra mulher leva-o a lamentar os tantos anos perdidos na vida. Imagina uma existência caleidoscópica que bem poderia ter sido a sua... se ao lado de outra. E que não foi. As imposições dos cargos de honra, que exerceu, negaram-lhe essa alternativa de vida. Afinal, "*noblesse oblige*".

109

Ele faz uma regressão à juventude e à infância. Foram tempos felizes, apesar da simplicidade e dos sacrifícios. Imagens desses dias tão ricos em recordações vieram à tona, muitas delas repletas de saudades, outras, não poucas, semelhantes a pancadas do cinzel a fazer sofrer a pedra bruta, até que a torne em monumento. Esses devaneios coincidem com a execução de ***Sonata ao luar***, de Beethoven, torturantemente tocante e comovente, e o que faltava para quebrar a higidez do grande Jequitibá. Octacílio Calcabrini chora. Não pode suportar tanta emoção. Leva aos olhos o lenço escuro, e chora com dignidade e elegância. Um momento que bem se assemelha ao desfecho da tourada na arena. Aquele leve toque do toureiro arrogante, o que faltava para prostrar na areia o truculento animal ferido, que cisma em não cair, relutante em morrer, fazendo ver à plateia sôfrega que um bravo não cai sem dignidade. Comovido, não se deu conta o velho Octacílio de que a música que se seguiu como que dava um novo rumo àquele momento de nostalgia e reflexão que a todos infligiu a página imortal de Beethoven. Agora é momento de descontração com os acordes de ***Concerto para piano***, o que bem se pode notar na exibição do prefeito, a dedilhar um teclado imaginário e a jogar sorrisos para os que o observam. Se Octacílio Calcabrini percebesse a cena, ele por certo a julgaria como um momento "desconcertante" do concerto, constrangedor e até ridículo.

Mas ele voltou a viver o presente ao levar sorrateiramente o olhar para o camarote presidencial, alvo das discretas atenções de alguns: o general Sampietro, também o lídimo representante do presidente no evento, acompanha o alegre ritmo inicial de ***A valsa do imperador*** como que cavalgando, tendo a poltrona como cela. A valsa é, na verdade, um tributo à nobreza e — por que não? — à sua Cavalaria, exatamente a Arma em que Sampietro foi graduado, há tempos, na Escola Militar. Ele foi correspondido com sorrisos de aprovação e palminhas femininas, e com um discreto e respeitável sorriso de seu ajudante de ordens e da esposa, Dona Vera. Quanto à Dona Patrícia Márcia, senhora do general, esta o premiou com uma pequena cotovelada seguida de também discreto beliscão, senha familiar para momentos que tangenciassem o inconveniente.

Vagarosamente, ainda ao som da valsa, vão-se fechando as cortinas, marcando o final da "Primeira Parte" do concerto.

* * *

Em Monte Azul, "Dr. Peixoto" conversa em sua casa, no Jardim Palmeiras, com seu auxiliar e fiel amigo. Esse amigo, "Dr. Ciro", fica sabendo um pouco mais sobre a missão que se aproxima de seu grande momento. Para ele, praticamente se fecha o tabuleiro de informações. Faltam-lhe duas pedras: "Quando", exatamente, será o momento? E "Qual" é o alvo de tudo isso?

Eles tratam de tudo nos seus detalhes mais importantes. Ciro conhece as alternativas, o hospital, os procedimentos em caso de insucesso, os códigos-rádio, a participação dos companheiros de Santo Isidoro, a retirada, o "day after".

Peixoto, nas despedidas, diz a Ciro: estamos em "D-2", companheiro, em "D-2", entendeu?

* * *

Após dez minutos de intervalo, cronometrados pelo capitão Birom, e não oito, como ficara acertado, percebem-se indícios de que vai começar a "Segunda Parte" do grande concerto. O capitão observou com pequena dose de ironia: *ué, oito minutos de civil tem seiscentos segundos, e não quatrocentos e oitenta...*

Três batidas na ribalta. Algumas luzes se apagam. Reabrem-se solenemente as cortinas, ao tempo em que vai cessando gradativamente o vozerio. Suspensos os sorrisos de intervalo, que tanto fatigaram os músculos faciais dos convivas, no costumeiro culto com que a sociedade brinda a hipocrisia.

Tem início a "Segunda Parte", agora com a participação do **Grande Coral do Theatro Municipal de Santo Isidoro**, e também com a participação de cantores consagrados. O general Sampietro, num quase imperceptível balançar de cabeça, dá sinais de aprovação a tão inteligente escolha e à magnífica interpretação do coral e da orquestra nesta página, para ele exuberante: *Va, pensiero*, da ópera Nabuco.

Ele está envolto numa como aura de vibração cívica, de orgulho pátrio e de emoção. Sisudo, mantém o olhar sobre o setor à sua frente, como que a divisar ao longe um objetivo a conquistar, bem à retaguarda das primeiras linhas inimigas.

Tanta sisudez é logo arrefecida com a execução e canto de *Der Freischutz*, uma canção alegre e descontraída.

Agora, um momento especial. Melhor dizendo: muito especial. Ao esmorecerem os aplausos, entra em palco uma figura altiva, soberana, ao mesmo tempo suave e atraente. Trata-se da soprano de renome Sarita Pajon, cuja presença dignifica os mais tradicionais e célebres palcos do Velho e do Novo Mundo.

No presente evento, reservar um espaço para tão notável figura ultrapassou os limites do palco. Tanto assim que o próprio chefe da Assessoria Militar do presidente, transmitindo "solicitações" presidenciais, ligou-se com o comandante militar da área, informando o como seria grato ao país e ao governo a presença e inclusão de Sarita no repertório.

Isso se explica, a começar por sua ascendência paternal e maternal. Ela é a filha de Sir Edward Canterbury, um industrial inglês, isto é, belga de nascimento, mas naturalizado inglês; portanto, súdito de Sua Majestade!

Sir Edward é apaixonado pelos clássicos, por óperas, pela família, por dólares, por libras, marcos e francos. Manifestou intenção forte de aplicar recursos no país, tanto na instalação de mais uma de suas montadoras como no mercado de capitais. Ele tem muita influência nesse setor da economia mundial, e livre acesso aos seus potentados, quer na Europa, quer na América do Norte e no Japão.

A mãe de Sarita, Dona Antonieta Pajon de Santillana Y Saavedra, pertence a uma tradicional família de Espanha, uma vez nascida Santillana y Saavedra.

A ela se deve o nome artístico de sua filha Sara.

A jovem desejava exibir-se como Sara Canterbury, mas sua mãe mostrou-lhe que nomes não latinos não soam bem aos ouvidos do seleto público de ópera no mundo. E mais: que Sarita é mais suave que Sara; mais frágil, mais menina, mais inspiradora de afeto, e outras coisas mais. Daí o nome: Sarita Pajon.

No momento, ela interpreta com o coral e orquestra a linda composição de Amadeus Mozart, ***Ária da Rainha da Noite***, de ***A flauta mágica***.

A plateia está inebriada, inerte, emocionada, sorridente, particularmente a elite industrial e a bancária.

Para o governador, a instalação de outra montadora em seu estado será uma vitória política, apreço junto ao eleitorado, eleição garantida para a Câmara Alta, e geração de empregos. Ele chegou a fechar os olhos, forçando uma expressão de encanto e de felicidade... Posteriormente, fez chegar ao hotel de Sarita uma riquíssima corbeille, com um cartão afetuoso por ele assinado, redigido por um poeta laureado, em que se incluía a única exigência sua: referir-se à voz de Sarita como *"uma Flauta Mágica Celestial"*.

Tanhauser é o que orquestra e coral apresentam no momento. Todos emudecidos, tocados em seus sentimentos.

Do camarote que lhe foi cedido, Octacílio Calcabrini percorre o olhar por todo o teatro, sem se fixar em nada, como se estivesse se despedindo. Segue-se a apresentação de ***Faust: coro dos soldados***, de Gounod. O prefeito, sorridente, procura olhar e ser olhado pelo general comandante militar da área, a quem fez acenos com os braços, como se estivesse marchando. Correspondido com acenos e um sorriso, o prefeito fez sinal de positivo, com o polegar direito.

Sarita Pajon retorna ao palco, muito aplaudida. Agora, de mãos dadas com o tenor lírico Hugo di Steffani.

Quando convidada para participar do grande concerto, ela pediu, com certa humildade, a inclusão do tenor Steffani no espetáculo, no que foi prontamente atendida.

O tenor e a soprano brindam o público com *La traviata*, de Giuseppe Verdi.

Retiram-se aplaudidíssimos. Foi um momento bastante feliz, de alegria e descontração, comentaram alguns após o espetáculo.

No camarote presidencial, o capitão Birom chama a atenção discretamente para o seu exemplar do concerto. Mostra ao general e esposa que o próximo número será o último, apontando disciplinadamente com o dedo indicador direito.

O general Sampietro e Dona Patrícia Maria conferem em seus exemplares: ***Entrada Triunfal***, da ópera ***Aída***. A Senhora Patrícia mostra indisfarçável satisfação, não se pode precisar se pela magnífica composição de Verdi ou se pelo final da exaustiva solenidade.

Fim do espetáculo. Vagarosamente e solenemente vão-se fechando as cortinas. O seleto público prorrompe em aplausos entusiasmados, pedindo "bis"; pode-se ouvir um ou outro educadíssimo pedido de "bis" que, aos poucos, como que por osmose, vai contagiando a plateia, agora de pé. Abrem-se as cortinas novamente. O maestro agradece comovido, encurvando-se até que sua melena prateada chegue ao nível dos joelhos. Ergue-se; sinaliza para que a orquestra se ponha de pé. Aponta para os músicos como que a dizer: *"eles, somente eles são merecedores dos aplausos... Eu? Eu sou um simples regente... um simples maestro"*.

Fecham-se as cortinas, agora com rapidez, e o maestro finge que vai embora. A plateia finge que acredita, e aplaude mais calorosamente. Voltam a se abrir as cortinas, e o maestro, com a mão direita no coração, retoma o púlpito. Dá uma batidinha regulamentar com a batuta na prancheta, alertando a orquestra. Mais uma vez (vide anotações "em tempo", a carmim, nos exemplares da *Programação*, restritas ao maestro e ao capitão Birom), a orquestra, acompanhada pelo coral, executa ***Va, pensiero***, o que leva o general, seu assistente e auxiliares diretos, e a elite civil também, ao estado de semiorgasmo.

À medida que tão magnífica peça musical vai terminando, vão-se fechando as cortinas, e o público seleto prorrompe em aplausos, com menear de cabeças e sorrisos, em aprovação. As esposas, com inegável satisfação, pensam em uníssono: terminou; dessa vez é pra valer...

Octacílio Calcabrini novamente se recompõe com nobreza de atitude. Ele não pode admitir que o tenham como um fraco; como alguém a quem falte força para lutar, ou que seja extremamente sensível, além do limite tolerado pelo eleitor. Em matéria de dissimular-se, ele é mestre. Sabe como ninguém exteriorizar sentimentos que não correspondam com sua verdade interior. Sorri para os circunstantes. Com um balançar de cabeça e expressões faciais de aprovação, aplaude as quase divinas peças musicais do grande concerto, apresentadas magistralmente pela tradicional Orquestra Sinfônica de Santo Isidoro.

Ele se insinua, se faz notar e atrai olhares, e isso causa desconforto e até mesmo irritação à autoridade-mor, o representante do Senhor Presidente (o Chefe Supremo da Nação e "timoneiro seguro do Movimento Restaurador da ordem, da moralização dos costumes e do alavancamento do progresso").

Na escadaria do teatro, "OC" procura interpor-se entre os fleches e câmeras e a comitiva de autoridades do Movimento Restaurador, o que certamente resultaria em excelente efeito para a sua imagem pessoal. Essa artimanha não foi percebida naquele instante. Pelo contrário, liberou autoridades e convivas do constrangimento que lhes causaria cumprimentá-lo, e até serem fotografados em tão constrangedora situação.

No dia seguinte, todos entenderam o ardil. As manchetes estampam fotografias de Octacílio Calcabrini descendo as escadarias do Municipal, tendo ao fundo, em segundo plano, autoridades e dignitários do Poder vigente. Ele "roubou" a cena!

Mais uma vez, "OC" causa irritação às autoridades do Movimento Restaurador, e ciúmes às autoridades civis e eclesiásticas, afinadas com o Movimento e dele participantes.

Político matreiro, raposa velha, "OC" volta a face direita para câmeras e fleches, quando nas alegres e cativantes aparições. É o seu melhor ângulo! Mas, se o momento está a sugerir um certo ar de preocupação, se convém à situação uma seriedade estudada ou alguma tristeza, então ele volta a face esquerda, com um ligeiro franzir de sobrancelhas.

São macetes de um líder calejado, populista e experiente, forjado nas seguidas e diversificadas tribunas do poder, e, de certa forma, herdeiro de outros líderes calejados, populares, populistas, demagogos e experientes, seus mestres e ídolos políticos.

23.

UM GIRO PELO CENTRO DE SANTO ISIDORO

Após um giro pelo centro de Santo Isidoro, Octacílio retorna ao Hotel Mirafiori, já à hora do almoço. Ele está cansado e no limiar de um "stress". Na noite anterior, ao final do concerto no Theatro Municipal, ele esteve com amigos num luxuoso restaurante da Zona Sul da cidade. Ainda que noite avançada, ele pediu perna de cabrito com batata-sauté, e acompanhamentos. O "maitre" sugeriu um vinho tinto da Itália, safra de 1961, o que foi plenamente aceito. Ele jantou com discrição, e ficou feliz. Sorriu mais do que o de costume naquela noite, e não foi em razão do vinho.

Permaneceu no hotel até a manhã seguinte. Acordou cedo, fez algumas ligações telefônicas e saiu ao comércio, com intenção maior de visitar livrarias e percorrer bancas de jornal. Ficará na cidade ainda hoje. Amanhã viajará para Monte Azul, de automóvel, como ficou acertado com seu amigo Almenôr Veronezi. Ele preferiu a estrada ao avião. Quer ter tempo para espairecer e para pensar. Aproveita esse resto de dia para atualizar correspondências, para anotar coisas vividas e passadas nesses últimos dias, e que farão parte de seu diário. Uma relíquia, segundo alguns, que se inserirá na história do país.

Octacílio prefere esses momentos de recolhimento e de tédio a fazer contato com amigos, a receber correligionários políticos com suas jogadas duplas e intenções duvidosas. No final da tarde, discou para um número muito íntimo em Monte Azul. A voz ouvida caiu-lhe como um bálsamo, tranquilizou-o. Ele passou a viver seus minutos em função do encontro de amanhã. Está feliz novamente. Acaba de pedir uma ceia leve para a própria suíte, de onde não pretende sair até a hora da viagem da manhã seguinte.

Deitado, viu passar pela tela de seus pensamentos as imagens de populares naquela manhã, cumprimentando-o, sorrindo para ele no trajeto, desde que saiu do hotel até a volta, e nas livrarias, e na banca de jornal... Eles o chamavam carinhosamente de "OC", e até de "ocê"! Alguns, mais respeitosos, preferiam tratá-lo por presidente. Eles diziam, como em todos os lugares: Eu vou votar em "ocê"... Estou com "ocê"! Numa livraria, um homem pagou os livros que "OC" adquiriu, e perguntou: quando o senhor volta?

Octacílio pensou e sorriu: o povo me quer, o povo é justo, o povo precisa de mim, eu sei. Essa certeza sobre o povo fazia-o esquecer-se da terrível doença que o atormentava, e despertava em seu coração o entusiasmo vivido há tempos, nos seus dias de grandes realizações! Em seus dias no poder!

24.

TUDO PRONTO, TUDO BEM

Em Monte Azul, a esposa de Dr. Peixoto anota o recado. Ela percebe que a voz lhe é conhecida, mas não se recorda bem de quem se trata. Fica intrigada, não entende bem, mas escreve aquilo que transmitiram. A pessoa não quis se identificar. Disse, apenas, que era um amigo.

O recado é simples: "O quadro já está pronto. Pode ser entregue a partir das nove horas".

* * *

"Dr. Lúcio", em sua casa, reexamina os rádios. Faz um check e, mais uma vez, confere as frequências. Tudo bem. Relê os poucos códigos para a "operação", já acertados com Peixoto. Estão na memória. Tudo bem. Incinera alguns papéis no banheiro e despacha as cinzas com a descarga do sanitário.

Dona Rosa chega à porta e passa ao marido um recado. Alguém, que não se identificou, mandou dizer que "vai pegar a encomenda a partir das nove". Essa pessoa disse que o recado era só isso, e que você ia entender. Engraçado, ela complementou ainda, eu tive a impressão que era pessoa conhecida; me pareceu uma voz conhecida.

Ótimo, respondeu "Dr. Lúcio", sem disfarçar. Estava fechado o quadro. Só faltava essa ligação. Ótimo, tornou a dizer para si mesmo.

Três pequenas e restritas redes-rádio para a "operação". O mínimo de assinantes em cada uma, é evidente. A primeira delas para uso de Lúcio e Peixoto. Uma rede para o pessoal de Santo Isidoro: Dr. Lúcio, Donato, Eleutério e a equipe da suíte 314, no Mirafiori. A outra rede-rádio para Dr. Peixoto e seus companheiros de Monte Azul: Ciro e Lindinalvo, e Crizanto, no Hospital Alfredo Newman. Todos estão cientes da linguagem-código a ser utilizada na "operação", e a ser esquecida para sempre.

No "dia D", Lúcio vai dar o toque de presença na área, falando a respeito de "Tia Nena". Peixoto acusa que recebeu e que também está na área, fazendo que chama por "Noruega-Dois". Sempre que quiser acusar um entendido sobre mensagens de Lúcio, ele chamará por "Noruega-Dois".

Para o início da operação, Lúcio dirá que está *"Tudo bem com tia Nena"*.

Na parada para o descanso de "OC", o momento de instalação do material no carro do "homem", ele dirá: *"Estamos com uma pane... Parece que é pane elétrica"*.

Material instalado e retomada do deslocamento: dizer *"Pane resolvida"*, e *"Vamos prosseguir"*. Para o final de operação e retorno às suas bases, Lúcio dirá que *"**Tia Nena foi dormir**"*. Peixoto responde, chamando por *"**Noruega-Dois**"*.

Ficaram, ainda, estabelecidos outros códigos. Se pintar ou der alguma "zebra", Lúcio dirá *"Tia Nena quer voltar para casa"*. Se o "galho" pintar na área de Peixoto, ele chamará por *"Noruega-Cinco"*.

Uma vez instalado o "material" no alvo, não haverá mais como retroceder, nem como suspender a "operação". Aí é ir em frente e cumprir o planejado.

Ao sair de casa, Lúcio acomoda o material reunido em seu automóvel. Leva também equipamento de pesca, e faz questão de que sua mulher, Dona Rosa, veja isso. Após o jantar, ele se põe a ouvir músicas de seu conhecido repertório: marchas e dobrados militares, entremeados com clássicos de fino gosto, incluindo *Va, pensiero*, da ópera Nabuco.

* * *

Em Monte Azul, Helvécio Milani agradece ao Dr. Peixoto pelo seu interesse e pela ajuda que deu em sua transferência para o interior. Há muito tempo que ele esperava por essa oportunidade, e, agora, o empurrãozinho do "chefe" foi fundamental. Continuar trabalhando em Monte Azul seria uma continuação de seu sacrifício em tudo, principalmente financeiro: custo de vida exorbitante, colégio das crianças muito caro, deslocamentos demorados e cansativos... Trabalhar em Laranjal estava bom demais. Seria a realização de um sonho. A mulher e as filhas estavam muito contentes.

Peixoto mostra-se feliz por ter podido ajudar a Helvécio. Promete, num dia desses, ir a Laranjal fazer uma visita à família, e aproveitar para conhecer melhor a região que, conforme dizem, é muito bonita.

— Com a maior alegria vamos esperar o senhor, Doutor Peixoto! Leve Dona Helena Maria, também. Vamos comemorar com uma churrascada! Logo que eu alugar a casa, aviso ao senhor, acrescenta o novo perito da Polícia em Laranjal.

* * *

Lúcio chega à janela da sala e se encanta com a vista deslumbrante da cidade iluminada. Uma visão mais do que conhecida por toda a família e por todos os que moram naquele edifício, e que também foram contemplados com um apartamento um pouco acima do oitavo andar e voltado para o oeste.

Para a família, trata-se de uma cena inusitada vê-lo tão interessado e apaixonado pela visão noturna proporcionada por aquelas janelas envidraçadas. Há mais de dois anos moram em Santo Isidoro, e nunca o viram tão interessado.

Ele olha como que vendo bem longe, fixando os olhos na distância, talvez em algum ponto que só a ele diga respeito. Já se passaram três horas que a família jantou, e ele permanece ali, emudecido, vibrando com seus dobrados, uma prolongada sequência de marchas militares contagiantes a clamar por vibração cívica. Por três vezes seguidas ouviu *Washington Post*. Por outras tantas, fez repetir *Stars and stripes*.

No momento, ele recolhe da vitrola o LP com uma apaixonante seleção de dobrados de John Philip Sousa. Segura-o com muito carinho. Prende-o com o antebraço esquerdo, e guarda-o como uma relíquia de família. Passa a deliciar-se com um outro LP que inclui *Paris Belfort*, um de seus dobrados preferidos, ao lado de *Lili Marlene*, a conhecida canção de Marlene Dietrich, que contagiou amigos e inimigos na Segunda Guerra Mundial.

As crianças sobem para o apartamento e recolhem-se para dormir. Estão caladas, e nada perguntam à mãe sobre o estranho comportamento do pai. Mas a caçula mimada arrisca um "boa noite, pai". Lúcio baixa o som, agacha-se e beija a pequenina; abraça-a com muito carinho, como se estivesse se despedindo. Os outros filhos aproximaram-se também. Ele abraça os meninos. Emociona-se ao beijar Júnior, o mais velho. Encara-o, e nada diz. Recompõe-se logo, brinca de se zangar, e leva as crianças para os quartos.

Retorna à sala para continuar ouvindo suas músicas e continuar se inspirando. Revive aqueles dias de intenso a ardoroso sentimento de Pátria que envolveu o povo nas grandes e pequenas cidades! Os alto-falantes de rua e as rádios executavam dobrados incessantemente. Locutores inflamados clamavam por uma tomada de atitude. Os corações ardiam, a Pátria em perigo lhes falava muito alto, e um amor hibernado despertava-se e tocava em suas almas! Lúcio era jovem naqueles dias, e seu posicionamento de entrega total à sua Pátria fora tomado há algum tempo, em juramento. Explodia em todo o país o Movimento Restaurador Nacional!

O HOMEM QUE INCOMODAVA

Lúcio faz repetir no "som" o dobrado *Semper fidelis*. Chega a extasiar-se quando a banda executa *La Marseillaise*! Entusiasmado e como fora de si, conclama, de sua hipotética tribuna: "*Ninguém vai pôr a perder a nossa luta! Ninguém vai solapar minha Pátria! Ninguém passa por minha trincheira!*".

Quase silêncio na sala. Quase meia-noite em Santo Isidoro. Dona Rosa abre lentamente a porta do corredor que isola a sala dos quartos. Ela vê que Lúcio está sentado, feliz, como que realizado. Pela quinta vez, ele ouve um coral italiano entoando *Va, pensiero*, acompanhado pela Sinfônica do Scalla, nessa memorável página musical de Verdi, e que, para muitos, traduz-se no cerne da ópera Nabuco. Ele recita o que o coral entoa:

> *Voa, pensamento, com tuas asas douradas,*
> *Voa, pousa sobre as encostas e as colinas,*
> *Que embalam suave e calmamente,*
> *A doce brisa de nossa terra natal!*
> *Saúda o rio Jordão,*
> *E as torres destruídas de Sião.*
> *Oh! Minha Pátria, bela e distante,*
> *Oh! Lembrança triste e querida!*
> *Harpa de ouro dos sábios profetas,*
> *Por que repousas muda sobre os salgueiros?*
> *Reacende a memória em nossos corações,*
> *E relembra os tempos que já se foram!*
> *Envia-nos o som de um lamento triste,*
> *Contando o destino de Jerusalém,*
> *Ou deixe o Senhor inspirar um alívio*
> *Que nos dê força para suportar os sofrimentos!*

Ela convence o exausto marido a ir dormir. Como ele mesmo disse, na manhã seguinte, ainda bem cedo, ele tem uma pescaria marcada com uns amigos que também estão em final de férias, como ele. É, e o Eleutério não é de se atrasar. Nem o Donato!

25.

A VIAGEM

O dia é lindo em Santo Isidoro! Sol radiante, brisa leve.

A depender do tempo, a viagem será tranquila, muito tranquila.

São 8:30. Uma ligação telefônica da portaria do hotel desperta do sono repousante o ilustre hóspede, a seu pedido. Ainda hoje, Octacílio deixará a suíte 312 do Hotel Mirafiori para fazer uma viagem a Monte Azul, como de costume.

Ele desperta-se calmamente. Está em paz. Senta-se à beira da cama e reza por duas vezes. É um costume que se incorporou ao seu eu, passado por sua mãe, e que ele não deixou, nem nos seus dias de universitário, nas repúblicas onde morou.

Recebe à porta dois jornais importantes de Santo Isidoro. Lê as manchetes antes de tomar o café, que lhe é servido ali na suíte. Não liga a TV. Seleciona, no rádio de cabeceira, uma emissora que oferece aos ouvintes música e informações. Ouve *Czardas* e, em seguida, *Bollero*, de Ravel.

* * *

Na suíte 314, contígua à suíte 312, de "OC", dois pecuaristas, provindos de Monsões, uma região pastoril, estão atentos aos passos de seu vizinho. Pelo rádio, informam ao carro, estacionado próximo ao Mirafiori, que "o homem" deixou os aposentos, e já está de saída. Donato responde, acusando que entendeu, e aproxima o seu carro do hotel.

No primeiro posto de serviço da Rodovia Augusto Jimenes, "Dr. Lúcio" aguarda a aproximação dos veículos de Donato e de Eleutério, que acompanham o homem. A partir desse ponto, Dr. Lúcio assumirá a "campana". Nesse instante, também, será desligado o rádio de apoio da suíte 314. A rede passa a funcionar com apenas três assinantes: Lúcio, Donato e Eleutério.

* * *

Octacílio agradece ao ascensorista e dele se despede com um sorriso e um aperto de mão. Ao passar pela portaria, cumprimenta o pessoal de serviço com um aceno da mão direita e um "muito obrigado, senhores, e até a próxima!". Agradece ao gerente pelas gentilezas da hospitalidade e pelas atenções que sempre lhe dedicam. O gerente emocionado quase não consegue dizer: "Muito obrigado, presidente, pela distinção do senhor em escolher o nosso hotel. Mais uma vez, foi uma honra para todos nós servir a Vossa Excelência!". No Mirafiori, todos sempre demonstram, com cavalheirismo e com muita simpatia, a alegria e mesmo honra por terem Octacílo Calcabrini como hóspede, e sentem-se felizes por amá-lo. Continuam tratando-o como presidente, e a ele se dirigem ou referem fazendo uso do Vossa Excelência e do Sua Excelência. Acostumaram-se assim, desde tempos passados.

Ao entrar no automóvel, ele acena para os populares na movimentada avenida, e que foram contemplados pelo acaso por passarem pela porta do Hotel Mirafiori exatamente naquele momento. Alguns gritam: "OC! Queremos ocê outra vez". Ele sorri e sente-se feliz com esse carinho do povo.

Octacílio traja-se com muito bom gosto, nessa manhã. Não dispensa uma capa- sobretudo, sempre combinando com o terno. Hoje, a cor é cinza-escuro. Ele a tem presa ao braço esquerdo. Na mão direita, um chapéu cinza-chumbo, com o qual acena para os populares, agradecidos. A elegância, e a postura correta e as atitudes finas de Octacílio envaidecem os seus correligionários,

O HOMEM QUE INCOMODAVA

que não podem ver, em qualquer outra figura nacional, um líder com tanto carisma e a quem se deva tributar tanto respeito.

O automóvel percorre discretamente as conturbadas e congestionadas ruas de Santo Isidoro. Num cruzamento, um guarda reconhece a figura de "OC", e libera de imediato o trânsito para que seu carro prossiga. Ao passar por ele, Octacílio recebe do guarda uma saudação, quase em forma de continência, sem os rigores da postura militar, acompanhada de um largo sorriso. Ele responde à saudação com um sorriso e um adeus.

Agora de óculos, o velho político mantém-se atento à leitura dos jornais do dia. Vez por outra, ele suspende a leitura e fica absorto, olhando para a janela, em momentos de reflexão e análise. Então, é reconhecido e cumprimentado por motoristas, por pessoas nas ruas e por passageiros de outros veículos. A todos responde com um sorriso discreto, sóbrio, estudado. Acena feliz quando gritam "OC, vou votar em ocê". Esse velho sorriso e esse velho aceno são de há muito conhecidos pelo povo. A muitos cativou e vem cativando. Já renderam a ele preciosos dividendos políticos, e ainda vêm rendendo, como também causando inveja e notória irritação.

Seu motorista e particular amigo Almenôr Veronezi, embora calado, esbanja felicidade e orgulho por ser o contemplado com tão nobre e invejável tarefa: a de dirigir para Octacílio Calcabrini! Está envaidecido mesmo, e pensa consigo que, entre milhões de patrícios, cabe somente a ele essa responsabilidade e essa honra. Somente ele compartilha de confidências de seu grande amigo e, por que não dizer, senhor. Discretíssimo e de total confiança, ele guardará consigo essas confidências e as levará para o túmulo, certamente.

* * *

De seu "ponto-estação", logo no inicio da Rodovia Augusto Jimenes, no sentido Santo Isidoro-Monte Azul, "Dr. Lúcio" acompanha, pelo rádio, o deslocamento de Eleutério e de Donato em seus carros. Dessa forma, sabe exatamente a posição do automóvel de "OC", e prepara-se para engrossar e assumir a "campana", o que acontece logo, passados alguns minutos.

Lúcio procura contato-rádio com Peixoto, que saiu cedo de Monte Azul e, a essas alturas, já deve ter-se posicionado no local acertado por eles. Faz seguidos comentários referindo-se a *Times Arial,* como ficou estabelecido nos acertos sobre a missão, mas não é correspondido com o sinal-rádio de Peixoto. Já se deslocaram oitenta quilômetros, e nada. No topo da Serra das Mercedes, ele faz outras chamadas. Aguarda impaciente.

Na grande reta, após ultrapassar aquelas alturas, trecho em que a estrada corta um extenso e verde vale, salpicado de gado leiteiro, Lúcio retorna às mensagens-rádio, e refere-se à "Tia Nena", mais uma vez. Aguarda durante intermináveis segundos. Ouve, então, claramente a mensagem ansiosamente esperada: *"Noruega-Dois… Noruega-Dois… Aqui é Guatemala…"*, ao que Lúcio dá sinal de recebido, falando que "Tia Nena recebeu a encomenda". Ele sorri, e não esconde sua vibração, apesar do nervosismo, da seriedade, e da inquietação daqueles momentos. Ansiedade e nervos à flor da pele, em razão da sobrecarga que lhes vinha causando a **"Operação Tia Nena"**, desde a sua concepção.

Mas tudo bem até agora. Todas as pedras do tabuleiro em seus devidos lugares. As coisas estão se desenrolando como foi previsto. E isso não é novidade para homens já acostumados a tensões emocionais, a situações de perigo e a imprevistos; homens que se adaptam a novas condutas, tomadas em função de surpresas ou de mudanças impostas por contingências durante as operações.

Em momentos aleatórios, à voz de Lúcio, eles se revezam no posicionamento de seus carros. Neste instante, Donato mantém o automóvel do "homem" sob suas vistas. Atrás dele, e em distância conveniente, segue o carro do "chefe; logo em seguida vem Eleutério. Assim, não há continuidade de um mesmo carro atrás de Octacílio, como se fosse um comboio. O retrovisor não permitia a seu amigo e motorista cismar que estavam sendo seguidos, nem dizer, como de certa vez: "Parece que temos companhia, Doutor Octacílio".

O HOMEM QUE INCOMODAVA

Nas proximidades daquele posto de serviço, costumeiro e tradicional lugar de parada de "OC" para um descanso e para abastecimento, Dr. Lúcio ultrapassa o automóvel-alvo, evitando ser visto. Passados poucos minutos, o motorista e companheiro de Lúcio verifica, pelo espelho lateral direito, que o carro de Octacílio deixou a pista, e entrou no local por eles desejado.

Ótimo, exclamou Lúcio. Ótimo! Toca em frente.

* * *

Como sempre acontece nas viagens por rodovia, dessa vez também Octacílio Calcabrini deixou-se vencer pela monotonia da paisagem sobejamente conhecida e pela sonolência que sugere, e a ela até conduz, o constante roncar do motor dos automóveis. Ele tira um cochilo calmo e repousante. Ou melhor, ele dorme tranquilamente, mantendo preso às mãos, e aberto, o interessante livro que vinha lendo desde que se cansou da leitura dos jornais, colocados no seu carro como uma gentileza do Hotel Mirafiori.

Esses cochilos já são uma praxe. Não causam espanto e nem são novidade para seu motorista. Ele se cala e até reduz a velocidade, para que seu amigo repouse melhor. Nessa viagem, Octacílio não está muito falante como de costume. Apenas por duas vezes iniciou o assunto, e para falar nos filhos, só isso. Está muito sério, e parece triste. Nada comentou sobre o país nem mesmo se empolgou, quando seu amigo puxou o rumo da conversa para a política nacional. Demonstra estar cansado e enfastiado de tudo.

É bom mesmo que ele durma, disse o motorista de si para si. Doutor Octacílio precisa descansar e precisa esquecer um pouco seus problemas, e largar de lado os problemas do país...

O sono de "OC" é interrompido com a parada do carro, ainda que suave, e com o silêncio repentino do motor desligado.

Pronto, doutor. É hora de descansar um pouco, tomar um café, uma água... Depois, é abastecer e seguir viagem.

26.

TIA NENA FOI DORMIR

"Estamos com uma pane... Parece que é pane elétrica."

Com esse papo, Eleutério dá conhecimento a Dr. Lúcio de que está se preparando para a instalação do material no carro-alvo. Logo estaciona o seu carro ao lado do automóvel de Octacílio.

Lúcio informa a Peixoto como estão as coisas, transmitindo a mensagem... *"Pane elétrica"*. De retorno, ele pode ouvir: *"Norue-ga-Dois... Aqui é Guatemala"*.

Um pouco atrás de Eleutério, em local dominante, fica posicionado o veículo de Donato. Não há tempo a perder. Ele proporciona a Eleutério a cobertura necessária para o seu trabalho, enquanto seu motorista vai auxiliar o de Eleutério na "troca do pneu dianteiro direito". É o início do momento mais **sensível e preocupante** da "Operação Tia Nena".

Eleutério deita-se ao lado de seu carro para inspecionar o pneu, e escorrega para baixo do carro de "OC". Ele treinou muito para esse instante, em que não pode haver qualquer falha. Não há lugar para erro. Ele sabe muito bem o que fazer, e em detalhes. Tudo está na massa do sangue, como ele sempre diz. Já passou por muitos momentos como esse, em costumeiras e seguidas atividades, cheias de tensão, sob pressão intensa e lutando contra o tempo.

Mesmo assim, Eleutério mostra-se tenso, mas não se deixa vencer. É dono de uma calma e de um controle emocional inve-jáveis. Em poucos momentos, ele já está chamando por Lúcio, que está suando e muito tenso: *"Pane elétrica resolvida"*.

De imediato, Peixoto é informado, captando a mensagem: *"Resolvida a pane elétrica".* Para dizer que entendeu, ele novamente faz que chama por *"Noruega-Dois... Aqui é Guatemala".*

* * *

Octacílio deixa o restaurante, e aguarda, junto a uma banca de jornal, que seu motorista reabasteça e prepare o carro para prosseguir a viagem para Monte Azul. Logo em seguida, o motorista vai ao encontro de seu amigo, o Doutor Octacílio. Não consegue disfarçar seu orgulho nem como está envaidecido de sua função, principalmente quando percebe que está sendo notado por alguns passageiros de ônibus e por outras pessoas no local. Ele, então, exagera em mesuras. Abre a porta traseira direita para seu "chefe". Encurva-se em sinal de respeito. Um momento de glória para ele!

* * *

Em seu carro, bem próximo da "posição" escolhida para acionar o grande evento, Lúcio recebe a mensagem esperada. *"Tia Nena prossegue a viagem".*

Lúcio está feliz, emocionado e extremamente tenso.

* * *

Octacílio bate um dedo de prosa com o motorista. Os dois riem de alguma graça inesperada. Ele retorna à leitura de seu livro, retrocedendo umas duas páginas para reinteirar-se e retomar a sequência do assunto. Retorna, também, à seriedade anterior; e isso, a partir de um certo momento, quando alguma palavra ou pensamento escrito parece ter-lhe calado na alma, inesperadamente.

— Tudo bem, doutor?

— Tudo bem, Almenôr... daqui a pouco a gente chega em Monte Azul. Não vejo a hora.

A partir dali, não falou mais palavra. Nem olhou mais o seu livro. Calou-se, pensativo. De súbito, freadas repentinas e um estrondo quebram o silêncio de até então.

O Doutor Octacílio Calcabrini e o seu amigo motorista jamais chegaram em Monte Azul. Jamais chegaram em algum lugar.

* * *

São trocadas mensagens sem nexo entre alguns rádios não identificados; são mensagens estranhas ao dia a dia daquela área:.

— *Tia Nena foi dormir... Tia Nena foi dormir...*

— *Noruega-Dois... Noruega-Dois... Aqui é Guatemala.*

— *OK, Guatemala... OK... Até breve.*

27.

TUDO BEM EM LARANJAL

O delegado de Laranjal, Dr. Licurgo Benoni, recebe uma ligação telefônica. A voz, de início, não lhe parece familiar. Mas, logo em seguida, Dr. Ciro dá-se a conhecer. Inicia-se um papo amigo e descontraído.

Ciro comenta com Benoni a notícia do dia, o trágico acidente, a **fatalidade que ceifou a vida** de Octacílio Calcabrini. Os dois pensam na seriedade da ocorrência, e fazem um rápido comentário sobre a figura do homem e sobre seu passado político.

Pensam nas especulações que, fatalmente, envolverão o acontecimento.

Dr. Benoni, o competente delegado de Laranjal, passa ao seu novo amigo informações sobre a situação e sobre o andamento das coisas. Explica as providências que tomou e como está cuidando do caso.

Do outro lado da linha, Ciro congratula-se com o delegado pelo seu desempenho e incontestável competência, e pela sua seriedade diante de uma ocorrência tão sensível, de rápida repercussão e geradora de sensacionalismos. Ele ainda pede a Benoni, e o faz em nome de seu chefe, Dr. Peixoto, que o amigo aguarde a chegada deles em Laranjal, antes de iniciar a perícia. Pede, também, que diga ao novo perito, Helvécio Milani, que o Dr. Peixoto mandou informar que gostaria muito de acompanhar os trabalhos dele nesse caso tão importante.

— Tudo bem, Ciro. Galho fraco, eu providencio tudo.

Dr. Licurgo Benoni ainda complementa: Ciro! Você precisa aparecer por aqui com mais calma. Vamos botar a conversa em dia, almoçar e, quem sabe, fazer um passeio pelas cercanias, e conhecer melhor a área.

Ciro agradece muito. Diz que o Dr. Peixoto vai gostar muito de conhecê-lo, e complementa: logo pela manhã chegaremos por aí.

28.

VAI E VEM DE MENSAGENS SEM SENTIDO E SEM NEXO

O coronel Alcebíades adentra a sala de seu chefe, general Prado Perez. Tem às mãos um jornal de Santo Isidoro, e vê que ele também já dispõe de vários jornais do dia sobre sua mesa. Nenhuma pergunta do chefe sobre o motivo de sua presença ali, quando deveria estar descansando no sítio. Nenhuma pergunta a Alcebíades sobre o motivo que o levou a interromper suas férias e vir a Santo Isidoro, sem ser chamado.

Alcebíades puxa a cadeira para junto da mesa, como que buscando mais proximidade com seu superior e amigo. Nenhum dos dois pronuncia qualquer palavra. Apenas entreolham-se, mas o suficiente para se entenderem perfeitamente.

— E o Lúcio? Onde estava o Lúcio ontem à tarde?

— Pescando, respondeu Alcebíades.

— Pescando?

— Pescando, ele e o Eleutério. Eles estão de férias.

O coronel dá um tempo, e depois complementa: o carro de Lúcio esteve na Lagoa dos Marrecos o dia todo, desde cedo. E os dois estavam lá. Bem cedo já estavam lá... E tem mais, arrematou Alcebíades: hoje tem uma peixada na casa dele, à noite. Dona Rosa telefonou para a Gema, e nos convidou. Vai preparar uma moqueca. Nós vamos levar o vinho.

— Quer dizer que...

— Quer dizer que ele está fora "dessa", concluiu Alcebíades.

Prado Perez pensa no assunto que está emocionando o país. Por uns instantes, mostra-se intrigado. Depois de abrir a gaveta superior direita, a dos assuntos sérios, ele diz a seu amigo: a propósito, causaram surpresa e até suspense em nosso pessoal da Rodovia Augusto Jimenes algumas mensagens captadas ontem, desde a manhã até a tarde. A princípio, parecem não ter sentido; aqui estão os radiogramas recebidos, diz o general, passando às mãos do companheiro os documentos.

O coronel lê e relê, e também fica intrigado. Tem a atenção fixada em umas mensagens perdidas, sem sentido. Também se interroga sobre a razão de uns chamados identificando a fonte, mas sem nenhuma resposta... pelo menos coerente. E tudo numa mesma frequência. Para ele, essas mensagens teriam algum sentido se fossem interpretadas como "senhas" e "contrassenhas", ou como algum "código". Mas era apenas uma hipótese.

Eles tornam a ler o conteúdo dos radiogramas recebidos:

"Tudo bem com Tia Nena..."

"Tia Nena quer descansar..."

"Noruega-Dois, aqui é Guatemala..."

"Noruega-Dois, aqui é Guatemala..."

"Pane resolvida."

Passou um bom tempo em "silêncio-rádio". Só se ouve aquele chiado normal de aparelho ligado. Depois de uma hora e vinte minutos, uma outra fala:

"Tia Nena foi dormir... Tia Nena foi dormir...".

Ouve-se uma como resposta:

"Noruega-Dois... Noruega-Dois... Aqui é Guatemala."

Segue-se um *"OK, Guatemala... OK... Até breve"*.

Depois disso, silêncio total. Rádios desligados. Mais nada... mais nada foi ouvido.

29.

MOQUECA E PIRÃO

Já era noite avançada, quando Lúcio chegou em casa com duas fieiras de peixes: uma de peixes menores, para fritar; e outra com dois peixes de bom tamanho, bem próprios para se preparar uma boa moqueca com pirão. Uma bela moqueca regada a vinho, como sentenciou sua mulher, Dona Rosa.

Ele achou ótima a ideia. De imediato propôs-se a ajudar na cozinha, o que realmente sempre faz. Antes mesmo que recebesse ordens, ele "desencravou" as panelas de barro, utilizadas para o preparo das moquecas, pirão de peixe e arroz branco, e que estavam no estaleiro há um bom tempo.

Para não dar trabalho em casa nem deixar a cozinha com aquele cheiro de peixaria, Lúcio já trouxe os peixes limpos e prontos para a panela.

Nelsinho está muito feliz, disse Dona Rosa. Ela poderia ter dito "Lúcio", no que seria bem entendida. Ele nem parece aquele homem tristonho e nervoso de anteontem. Uma pescaria faz bem, eu acho… se é que ele não andou pegando outros peixes por aí, concluiu a mulher, fazendo-se de enciumada.

Lúcio, ou Nelsinho para a família, não se cansa de ouvir seus discos de dobrados, principalmente os de autoria de John Philip *Sousa*. Ele os ouve com muita vibração, como ouve as demais sequências de hinos e canções militares. Mas o que o agrada mesmo, a ponto de chegar às lágrimas de emoção, entremeadas com sorrisos de alegria, é ouvir aquele coral italiano, acompanhado pela Sinfônica de Milão, envolvendo sua alma com a canção *Va, pensiero*, de Verdi! Ele ouve seguidamente essa maravilha de composição da ópera Nabuco, e sorri vitorioso.

30.

QUATRO BOTIJAS E CINCO CONVIVAS

Passadas as exéquias e atenuada a emoção nacional pela morte de Octacílio Calcabrini, o que não se prolongou devido às recomendações do Movimento Restaurador aos órgãos de imprensa, recomendações essas acolhidas normalmente, não dando muita expressão ao caso, o coronel Warren Simpson desponta na capital. Dessa vez, sem muito alarde. Apenas um telefonema da embaixada de seu país para a Assessoria Militar da Presidência informava sobre a chegada do costumeiro e ilustre visitante.

Um jantar é marcado para a noite seguinte, no mesmo restaurante de janelas envidraçadas e de sacada permanentemente acariciada pela brisa fresca de noroeste, e de onde se descortina uma visão ampla e magnífica da capital. Aquele mesmo restaurante que oferece ao feliz visitante pratos regionais do país, e pode atender a pedidos de qualquer prato da cozinha internacional. O restaurante onde Warren Simpson é bastante conhecido pelo "maitre" e também pelos garçons e pelo gerente. Ali, há uns meses, Warren esperou que o chefe da Assessoria Militar de Presidência comparecesse ao jantar que lhe foi oferecido por amigos das três forças, mas ele não pôde estar presente. Naquela noite, inclusive, o coronel Warren considerou aquela ausência como uma desconsideração, e até uma retaliação de alcance político.

Desta vez, Warren Simpson é o anfitrião, e ele espera contar com a presença do assessor militar, além da sempre agradável companhia dos três amigos, coronel Cosenza, capitão-de-fragata Adamastor e tenente-coronel aviador Gesoíno, como naquela outra noite. Ele falou diretamente com o assessor, e dele recebeu um agradecimento sensibilizado e a garantia de estar presente ao significativo jantar.

É bem verdade que o momento político não é dos melhores para uma visita de Warren Simpson, muito menos para almoços e jantares. Mas Warren pertence a outra cultura, mais fria, pragmática, e não tem a visão voltada para essas verdades e sentimentalismos de outros povos. Ele está feliz com o jantar, com o local escolhido e com a oportunidade desse novo contato com os amigos.

Para o solícito e já conhecido "maitre", as coisas continuam como sempre, na mesma rotina. Entretanto, essa profissão exige desses homens que se ultrapassem em delicadeza, mesuras, atenções e finesse, fazendo de conta que cada retorno de um freguês costumeiro tenha um significado de primeira vez, devendo ser envolvido pelas mesmas mesuras e atenções devidas a um novo cliente. Por isso, ele preparou, como antes, um ambiente muito agradável, bonito e descontraído na sacada do restaurante. Uma pequena mesa oval e circundada por confortáveis poltronas pretas de couro. Agora são cinco, porque o assessor militar da Presidência não teve como declinar do convite feito por Warren Simpson. Uma desculpa amarela, como enfermidade em família ou repentina indisposição estomacal, não lhe cairia bem nesse momento.

Uma toalha de linho fino recobre a mesinha encimada por um primoroso arranjo de flores silvestres. Nessa noite, a lua colaborou mais uma vez. Ainda que um pouco minguante nesses dias, sem aquela plenitude e exuberância com que se apresentou no último jantar de Warren com seus três amigos, ela marca sua presença não muito deslumbrante, no céu estrelado da capital.

Os quatro amigos sentam-se por mais um pouco ao redor da pequena mesa na sacada-mor do Restaurante Amainero, e aguardam por mais um pouco a chegada do assessor militar. Não jogam conversa fora, como antes, nem se servem do antepasto. Apenas

O HOMEM QUE INCOMODAVA

ocupam suas mãos com a terceira dose de whisky. O clima não apresenta qualquer aspecto de descontração ou de informalidade. Mesuras à parte, o coronel Warren Simpson toca no assunto que realmente o fez deslocar-se do seu lugar até a pátria de "OC", assunto que estava evitando desde o reencontro deles no restaurante. Ele pergunta aos seus três convidados presentes "como está a crise".

— Não há crise, respondeu o coronel Cosenza. Não há crise nenhuma, repetiu ele, agora em coro com Adamastor e Gesoíno.

— Mas como não há crise? Como não há crise? Uma ocorrência mais do que séria, e ouço vocês dizerem que não há crise! Afinal, o que vocês entendem por crise? E o que foi aquilo que a imprensa noticiou?

— Manifestações normais em qualquer sociedade onde exista situação e oposição, respondeu o capitão-de-fragata Adamastor. E concluiu: foi uma fatalidade, uma fatalidade.

— Fatalidade? Fatalidade?, perguntou Warren, dando à sua voz uma entonação de dúvida. Ele olhou para o lado, olhou para cima, fez uns segundos de silêncio, e depois sorriu. Encarou os três, e acrescentou: uma fatalidade necessária...

As dúvidas de Warren suscitam irritação geral. O coronel Cosenza observou que tinha sido uma coincidência, uma mera coincidência.

— Coincidência? Mera coincidência?, vociferou o coronel Warren, como que se dirigindo a subordinados seus, encontrados em alguma falta. E ainda acrescentou, em tom de repreensão: *Vocês perderam o controle do Serviço de Inteligência? Parece que existe uma Inteligência paralela... é isso.*

Irritação geral outra vez. Ânimos exaltados.

Cosenza levantou-se num repente. O tenente-coronel Gesoíno, imaginando que o companheiro ia-se retirar, levantou-se também. Mas o comandante Adamastor, sentado em sua poltrona, gesticulou aos companheiros pedindo calma, jogando um pouco de água fria na fervura.

De pé, ainda, o coronel Cosenza fala pausadamente e de modo muito claro:

— Coronel Warren Simpson! Estou me lembrando de um episódio em novembro de 1963. Mais precisamente, em 22 de novembro de 1963. E ainda sendo mais preciso: Dallas! John Fitzgerald Kennedy!

Silêncio. Constrangimento no pequeno ambiente. Ruborizado, o coronel Warren engole em seco, encarando firmemente seu interlocutor.

Cosenza prosseguiu em seu aparte, agora já sentado novamente, a pedido de Adamastor: uma coincidência a se analisar. Naqueles dias, uma voz irônica percorria e tomava corpo entre os opositores de Kennedy, quando diziam: "Kennedy, vá ao Teatro!". Certamente uma alusão ao presidente Abraham Lincoln, assassinado num teatro, certo?... E por que silenciaram Lee Oswald?

Cosenza ainda continuou: "É sabido que Bob Kennedy causava problemas ao poderoso grupo que eliminou seu irmão; ou isso não passa de uma ideia fantasiosa?... E daí? Como terminam as coisas? Assassinado em 6 de junho de 1968...

E o que nos dizer daquela terrível fatalidade de 8 de abril de 1968? É isso mesmo: Martin Luther King... Todos esses casos, e outros mais, falam de **homens que incomodavam**. Coincidência, fatalidade ou necessidade?"

Exatamente naquele instante, o atencioso "maitre" faz uma saudação, dando à sua voz uma entonação um pouco acima da que recomenda a etiqueta, somente para chamar a atenção dos outros quatro. Desdobrando-se em atenções, ele conduz o general Arno, chefe da Assessoria Militar da Presidência, até a sacada-mor, onde se encontram os demais companheiros.

Todos de pé. Seguem-se cumprimentos e abraços descontraídos. Engajam-se em reverências e gentilezas.

O garçom coloca sobre a mesa oval, como fora solicitado há momentos, apenas quatro botijas de suco bem gelado, em diferentes sabores de frutas exóticas. É momento de se pedirem os pratos para o agradável jantar, como propõe Adamastor. Aproveitando a aprovação de todos, ele sugere: "Que tal uma bela Paella Marinera?".

— Va bene, aprovou o coronel Warren, esmerilhando em italiano, como é seu fraco. Foi acrescentado à brilhante sugestão um outro prato de igual modo brilhante: Camarão ao Thermidor!

— Va bene, dizem todos. Quer dizer: todos, menos Gesoíno, o "aero". Ele não se amarra em frutos do mar.

Então, para ele poderia ser um Espaguete à Carbonara, sugeriu o "maitre", voltando-se para Gesoíno. Ótimo. Para mim está ótimo. Por favor, uma Salada Napolitana também, arrematou.

Enquanto aguardam o chamado para o suntuoso salão de refeições, eles conversam sobre amenidades e, algumas vezes, sobre a conjuntura mundial, reservando maiores atenções para qualquer coisa que diga o assessor militar do presidente, o mais antigo hierarquicamente. Por esse motivo, e também em razão da excepcional posição que ele ocupa no governo, toda a atenção lhe é devida quando fala, quando faz alguma menção de que vai falar, e até mesmo quando não fala.

Naquele momento, o "maitre" sinaliza discretamente para a sala de som. Mais uma vez, ele soube como agradar o seu já amigo Warren, que, subitamente, desligou-se da conversa. Sorri feliz. Tem a expressão transtornada, um olhar de vitória. Levanta-se e leva as mãos à cintura, punhos cerrados. Arrogante, ele mira o infinito pelas janelas envidraçadas do Amainero.

Ele cantarola entusiasmado, sem discrição ou constrangimento, acompanhando o Coral e a Sinfônica de Milão. Todos eles, inclusive o "maitre", contagiados com os acordes vibrantes de *Va, pensiero.*

Descontraído, muito descontraído, o coronel Warren Simpson exclama: "*Pene para os russos! Pene para eles!*", e explode numa gargalhada, jogando-se para trás na confortável poltrona de couro verde-garrafa, ao mesmo tempo em que gesticula, mostrando com as mãos o dote do que deseja para os soviéticos.

Todos concordaram e aprovaram, mas com uma risada mais discreta.

O coronel Warren Simpson vai mais além. Ergue uma das botijas de suco de frutas exóticas, ainda bem gelada, e propõe um brinde:

— *Aos povos do Mundo Livre!*

— *Aos povos do Mundo Livre!*, ouvem-se vozes como que em um coro de jograis. Mas faltou uma botija e uma voz.

O nosso eficiente e arguto "maitre", já acostumado com os rompantes e com os repentes de Warren Simpson, havia deixado, ali bem perto, uma outra botija bem gelada, sabor abacaxi. Entregou-a sorrateiramente e depressa ao coronel Cosenza.

— *Aos povos livres do mundo!*, ouve-se a sentença, partindo de uma voz isolada...

* * *

O Doutor Octacílio Calcabrini e o seu amigo motorista jamais chegaram em Monte Azul. Jamais chegaram em algum lugar. Nunca mais alguém ouviu sua voz. Nunca mais...

"Voltou o corpo para a terra, porque é pó; e o espírito, para Deus que o criou".